# Unterwegs in Uganda

Peter Heinz

# Unterwegs in Uganda

Reisegeschichten

*Bibliografische Information der Deutschen Nationalbibliothek:*
*Die Deutsche Nationalbibliothek verzeichnet diese Publikation in der Deutschen Nationalbib-*
*liografie; detaillierte bibliografische Daten sind im Internet über http://dnb.dnb.de abrufbar.*

*Illustration: Peter Heinz*

*Herstellung und Verlag: BoD – Books on Demand, Norderstedt*

*ISBN:* 978-3-748138358

# AUF NACH UGANDA

Wir fliegen mit Turkish Airways. Das sehr gute Essen, der günstige Preis und angenehme kurze Umsteige bzw. Wartezeiten in Istanbul und beim Hinflug in Kigali ließen auch dieses Mal Turkish Airlines wieder zur ersten Wahl werden.

Ich erinnere mich an einen Ausreisebeamten am Frankfurter Flughafen, der, als wir das erste Mal nach Uganda flogen, etwas erschrocken fragte:

„Entebbe, da kann man hin fliegen?"

Aber auch für mich, wie für viele meiner Generation, hat Entebbe immer noch einen tragisch düsteren Klang aufgrund des Flugzeug-Geiseldramas, das mit der Operation Entebbe am 4. Juli 1976 endete.

Damit verbunden ist auch der zweite Name, den ich mit Uganda verbinde: Idi Amin Dada, der Schlächter von Kampala.

Aber zum Glück sind diese Zeiten vorbei.

Und auch der Verbrecher Joseph Kony, Anführer der Lord Resistance Army, einer Rebellengruppe, die mehr als 60.000 Kinder entführte und zu Soldaten machte und die Zivilbevölkerung im Norden Ugandas und umliegender Länder terrorisierte, ist aus Uganda verschwunden.

Nach all der schrecklichen Zeit mit Diktator und Bürgerkrieg kann man den lebensfrohen und freundlichen Menschen von Uganda nur wünschen, dass es auch so bleibt.

Das übliche Einreiseprozedere in Entebbe verläuft ruhig und übersichtlich.

Mir fällt kein anderes von mir bereistes Land in der Welt ein, wo selbst Einreisebeamte uns so freundlich empfangen haben.

Das Visum wird von lächelnden Beamten zügig in den Pass gestempelt und selbst nachts um vier bekommen wir zügig und zu einem guten Kurs unsere ersten Uganda-Schilling.

Und wer schon erlebt hat, wie schwierig es manchmal ist, in Uganda Geld zu bekommen, weiß diesen Service sehr zu schätzen.

Nachdem auch das Reisegepäck zügig auf einem der wenigen Bänder kreist, stehen wir schon bald in der warmen, tropischen Nacht und werden sofort vom Abholer unseres Hotels in Empfang genommen.

Ein Hotel für die Ankunftsnacht von zu Hause zu buchen, lohnt sich aufgrund der extrem frühen Ankunftszeit mancher Fluggesellschaften und dem üblichen, meist im Übernachtungspreis inkludierten Abholservice. Die meisten der vielen Hotels in Entebbe, die meist nahe des Flughafens liegen, bieten diesen Service an.

Nach einer kurzen Fahrt erwartet uns dann endlich ein Bett und wir holen etwas von dem verpassten Schlaf der vergangenen Nacht nach.

# ENTEBBE

Auf Entebbe heute kann man sich freuen.

Entebbe ist im Vergleich zu anderen ostafrikanischen Städten fast schon als schön zu bezeichnen.

Im Gegensatz zur heutigen Hauptstadt Ugandas, dem lauten und hektischen Kampala, empfinde ich die ehemalige Kapitale Ugandas als angenehm weitläufig und übersichtlich.

Sehenswürdigkeiten gibt es, wie in den meisten Städten Ostafrikas, keine, die ich unbedingt gesehen haben muss.

Trotzdem kann man gut und gerne einige gemütliche Tage dort verbringen.

Obwohl ich im allgemeinen Zoobesuche nicht besonders mag, finde ich das zooartige „Wildlife Education Center" sehr sympathisch.

In einigen recht großräumigen Gehegen leben hier neben diversen Antilopen und Giraffen auch in der ugandischen Natur selten zu sehende Tiere wie Nashorn, Löwen, Leopard, Otter, Schimpansen oder der seltene Schuhschnabel.

Somit bietet das Center auch die Gelegenheit, bei mangelndem Sichtungsglück während der Safari mit ein paar fast authentischen Nahaufnahmen der begehrten Tiere zuhause gebliebene Familienmitglieder, Nachbarn, Bekannte oder auch (heutzutage) Forenmitglieder doch noch zu beeindrucken.

Die Wahrheit über das Entstehen der Bilder muss dem staunenden Publikum ja nicht unbedingt offenbart werden.

Besser eignen sich Sätze die man mit „Unter größten Strapazen" oder „Nach stundenlangem Ansitzen während Moskito schwärme mich piesackten" beginnen lässt. :-)

Mich zieht es zur Mittagszeit zu dem Restaurant des Wildlife Education Centers direkt am Victoria See, in dem ich letztes Mal einen hervorragenden Tilapia mit Chips verspeist habe.

Interessant mag auch die Tatsache sein, dass in Entebbe die seltene Möglichkeit besteht, seinen Golfball eventuell aus einem Nashorn- oder Löwengehege weiter schlagen zu müssen.

Der direkt angrenzende 18 Loch-Golfplatz macht diese Maläse bei verunglückten Bällen möglich.

Damit wird hier auch Golf zu einem Abenteuer.

Eine weitere Besichtigungsmöglichkeit bietet der Botanische Garten, der nicht nur botanische, sondern auch tierische Sichtungen ermöglicht.

Neben Affengruppen und diversen Reptilien überrascht der Park auch mit einer reichhaltigen Avifauna.

Zudem erzählt die Legende, dass in den Dreißigerjahren des vorigen Jahrhunderts die ersten Tarzan-Filme mit Johnny Weißmüller im Botanischen Garten gedreht wurden.

Allerdings wurde während meines lang zurückliegenden Aufenthalts in Florida ein dortiger State Park, dessen Name mir entfallen ist, auch als Drehort dieser Filme ins Gespräch gebracht.

Aber wie dem auch sei, Drehort hin oder her, der Botanische Garten hat einen gewissen Charme, und wenn morgens Sonnenstrahlen durch das dichte Dickicht am See wie

Lichtbahnen auf die Wege fallen, wirkt er sogar etwas mystisch.

Eine weitere Möglichkeit, Zeit in Entebbe zu verbringen, bietet der Pool des Victoria Lake Hotels.

Gegen einen angemessenen Obolus bekommt man auch als Nicht-Hotelgast Zugang zu Sprungturm und 35 Meter-Becken. Zudem werden große Handtücher, Liegen und Umkleidekabinen zur Verfügung gestellt.

Ein Vergnügen erster Klasse bieten die öfters vorkommenden morgendlichen Besuche von Schulklassen. Wie bei uns in öffentlichen Freibädern lernen hier ugandische Kinder das Schwimmen bzw. werden erst einmal an das Element Wasser gewöhnt.

Wer solche Schwimmstunden schon einmal in deutschen Freibädern erlebt hat, wird höchst erstaunt über die fehlende Geräuschkulisse und die Disziplin der sehr jungen ugandischen Besuchern sein.

Für uns ist dieser Pool auch ein Grund, im preiswerten und ruhigen alten Kolonialgebäude mit großem Garten in der Nachbarschaft zu wohnen.

Neben den Restaurants im Hotel oder wie bereits erwähnt im Education Center bietet Entebbe noch einige weitere sehr gute Restaurants.

Reichhaltige Speisekarten mit vielen schmackhaften indischen Gerichten bieten 4 Points und Faze3.

Sehr gute Pizzen und andere Gerichte offerieren Anns Corner und Goretti's. Wer stattdessen thailändische Küche möchte, wird im Gateley Inn fündig.

Einen Favoriten hat sich auch nach mehrmaligen Besuchen für mich nicht herauskristallisiert.

Jedes dieser Lokale bietet gutes Essen und eine angenehme Atmosphäre.

Noch ein paar Worte zum Thema Sicherheit in Entebbe aus meiner Sicht:

Tagsüber habe ich überhaupt keine Bedenken, alleine zu Fuß unterwegs zu sein.

Natürlich trage ich aber auch da nicht meine gesamte Barschaft und Ausweise spazieren.

Für längere Strecken bieten sich auch Motorradtaxis, sogenannte Boda Bodas an, die an fast jeder Ecke zur Verfügung stehen. Und sollte man einmal keines dieser Boda Bodas sehen, keine Sorge, dann wird schon eines dich sehen.

Anders sieht die Situation nach Einbruch der Dunkelheit aus.

Bereits drei Mal haben wir erleben müssen, dass junge Frauen zu uns ins Hotel kamen, nachdem sie beraubt wurden.

Bei allen war die Situation die gleiche: Motorräder mit zwei Männern besetzt hatten ihnen Rucksäcke oder Taschen entwendet und waren in der Nacht verschwunden.

Wie heißt es so schön: Gelegenheit macht Diebe!

Aber Taxis und Boda Bodas sind nicht teuer und überall vorhanden. Es gibt zudem noch einen weitaus gefährlicheren Grund, abends und nachts diese auch zu benutzen.

Da fast jegliche Straßenbeleuchtung fehlt, ist es in der stockdunklen afrikanischen Nacht sehr schwierig, wenn nicht sogar unmöglich, die unzähligen, teils sehr tiefen heimtückischen Löcher zu sehen, die neben Stolperfallen in Form rostiger, im unebenen Boden verankerter Eisenstangen und anderen ungewohnten Hindernissen lauern.

Nach einer einmaligen Erfahrung diesbezüglich fahre ich nach Sonnenuntergang immer mit einem Boda Boda oder einem Taxi und würde auch jedem dazu raten.

## Ugandas Straßen Teil 1

Ich teile für mich als Fahrer die Straßen in Uganda in drei Kategorien ein: Teerstraßen, Straßen ohne Teer, und Horror.

Wunderbare Teerstraßen, auf denen man zügig vorankommt, führen z.B. von Kampala zum nördlichen Eingang der Murchiston-Nationalparks oder nach Fort Portal.

Auch die Masaka Road, die von der Hauptstadt bis nach Kisoro führt, wird eines Tages so ein Prachtstück sein, wenn sie irgendwann einmal fertig gestellt ist (Stand 2014).

Eigentlich könnte man die vorbeiziehende abwechslungsreiche ugandische Landschaft bewundern, sich zurücklehnen und den Motor schnurren lassen, wenn es da nicht etwas gäbe, etwas Heimtückisches, leicht Übersehbares, etwas anfangs Unerwartetes in diversen Formen...

Bumps! Auch bekannt als Speed Bumps oder Road Humps.

Da fährt man fröhlich seines Weges, lässt seinen Blick einen kleinen Augenblick zu lange auf einen Vogel auf dem Baum am Straßenrand ruhen und schon ist es passiert.

Man wird aus seinem Sitz katapultiert und das Auto büßt die kleine Unaufmerksamkeit mit gestauchten Stoßdämpfern oder Schlimmerem.

Bumps gibt es in verschiedenen Formen und Ausführungen. Gemein haben sie alle, dass sie quer zur Fahrbahn verlaufen und unberechenbar auftauchen können.

Es gibt die höheren einfachen Teerhügel, die Fahrer, Ladung und Auto schon einigen Schaden zufügen können.

Dann gibt es die kleineren, mehr hügeligen Bumps, über die man als Mensch hopsend und als Auto ratternd hinweg fährt, wenn man auch nur ein wenig zu schnell ist.

Alle Bumps können unterschiedlich hoch und breit sein, es gibt sie als flache runde Hügel, oder als steile schmale Berge.

Meist treten sie vermehrt in der Nähe von oder in Ansiedlungen auf, aber auch in Nationalparks oder auf offener Strecke sollte man in seiner Achtsamkeit nicht nachlassen.

Bumps können einfach überall sein.

## Rolex

Morgens halb Zehn in Uganda und der kleine Hunger kommt.

In Uganda gibt es dafür keine Knoppers oder wie das bei uns heißt. In Uganda gibt es Rolex.

Nein, ich schreibe natürlich nicht über die Nobeluhren gleichen Namens, sondern über Rollen aus Teig mit einem dünn ausgebratenem Ei, das in das Teigröllchen eingewickelt wird.

Individuell unterschiedlich wird das Innenleben der Rollen noch mit kleingehackten Tomaten, Paprika oder Zwiebelstückchen verfeinert.

Rolex schmeckt gut, macht satt und ist preiswert.

Rolex-Bratereien gehören überall zum Straßenbild Ugandas und sind so unterschiedlich wie ihre Besitzer.

Manche bieten mehr oder weniger schöne Sitzgelegenheiten, manche sind Take Away-Style.

Im Preis von wenigen Uganda-Schillingen inbegriffen ist meist auch ein kleines Schwätzchen mit dem oder der Rolex Hersteller/in und Rolex-Imbisse sind eine angenehme Reiseunterbrechung und Zeit zum Beine vertreten inmitten meist neugieriger Einheimischer.

Man sollte sich auch nicht von der Einfachheit dieser Rolex-Bratereien abschrecken lassen, Rolex gehört zum unterwegs in Uganda sein einfach dazu.


## „Activities"


Erreicht man sein Tagesziel wird man in Uganda sofort daran erinnert das man nicht zum Erholungsurlaub hier ist.

"Which activities have you planned for today/tomorrow?"
Dies ist einer der ersten Fragen, die den müden Reisenden nach dem Willkommen im Camp oder der Lodge erwartet.

Nun sollte man nicht den Fehler begehen und mit einem „No activities" antworten (auch wenn es noch so wahr sein

sollte), denn diese Antwort könnte der ugandischen Gesprächspartner nur mit absolutem Unverständnis quittie-
ren.

Die von Reisegruppen mit festem Programm und „Activities" geprägten Angestellten stehen Einzelreisenden ohne
festes Programm trotz steigendem Individualtourismus immer noch recht unsicher gegenüber.

Normalerweise hat man im Bwindi am nächsten Tag Gorilla
„Activities", im Kibale sind es die „Chimps", Murchiston
Falls bietet ebenso wie QENP Bootstouren und Safari an,
Kidepo eine riesige Büffelherde, und baumkletternde Lö-
wen sind „Activities" in Ishaga, Jinga lockt mit Rafting und
so weiter.

An Touristen, die teils auch schon zum wiederholten Mal
kommen, müssen sich die tourerfahrenen Ugander erst
noch ein wenig gewöhnen.

Ich habe bei dieser Frage auch dazu gelernt.

Meine Antwort ist nun meist „Birding". Das scheint man
dem skurrilen Muzungu schon eher zuordnen zu können,
wenn er in seinem Camp am Bwindi NP sitzt und in Ruhe die
großartige Natur vor ihm bewundert.

# Froschkonzert

Wenn man von Fort Portal kommend in die rote Piste Richtung Kibale einbiegt und die Teerstraßen hinter sich lässt, dann erreicht man nach 23 km den Lake Nyabikere.

Keine 500 m vom Kibale Forrest Nationalpark entfernt übernachten wir im CVK Lakeside Resort.

Es ist unsere allererste Nacht in Uganda. Am Morgen waren wir in Entebbe angekommen und nach der Wagenübernahme gleich bis hier her gefahren.

Irgendwie scheint das kleine Resort, indem wir die ein zigsten Gäste sind, etwas heruntergekommen.

Trotzdem hat es Charme und einen sehr netten Betreiber, einen alten Mann, der uns viel zu erzählen weiß.

Nur wenige Meter vom See entfernt beziehen wir unser Zimmer und kommen in Uganda an.

Beim Relaxen auf unserer Terrasse begeistern uns mehrere Eisvogelarten ganz nahe vor uns, diverse andere Vögel und als Höhepunkt die ersten Affen.

Was aber den Lake Nyabikere einzigartig macht sind seine amphibischen Bewohner.

Bei Sonnenuntergang begann das Konzert der Frösche in einer Lautstärke und dermaßen vielstimmig, dass wir nur noch staunen konnten.

Aber trotz der Lautstärke störte mich diese Froschkakafonie weniger als zuhause ein vorbeifahrendes Auto oder das Gekläff des Nachbarhundes, wenn ich im Garten auf der Liege entspannen will.

Es müssen tausende, hunderttausende oder noch mehr Frösche sein, die am und im See leben und musizieren.

Niemals vorher und auch niemals danach habe ich solch ein Froschkonzert erlebt wie am Lake Nyabikere.

Was wir nicht wussten war, dass der See als „Lake of the frogs" bekannt ist.

Und diesem Titel macht der See wirklich alle Ehre.

## „Chimps"

Den Kibale Nationalpark besucht man meist aus einem Grund: Man möchte die dortigen habituierten Schimpansen Gruppen besuchen und Aug in Aug unseren nächsten Verwandten im düsteren Regenwald von Kibale begegnen.

Nach einem Briefing, das seinen Namen wirklich nicht verdiente, machte sich unsere siebenköpfige Gruppe auf den Weg zur zugeteilten Chimps-Gruppe.

Zunächst mit dem Auto bis zu einem Waldweg, wo wir von einem zweiten Ranger empfangen wurden, dann zu Fuß weiter in den Wald hinein.

Als wir an unserem Ziel ankamen, einem riesig hohen Baum, strömten auch von anderen schmalen Pfaden andere Menschengruppen hierher.

Toll, dass die Gruppengröße der Touristen auf acht Personen begrenzt ist. Mist, dass sich alle diese Gruppen an einem großen Baum im Dschungel treffen.

Naja, Hauptsache Chimps. Die saßen denn auch zahlreich auf diesem wirklich großen Baum als dunkle Punkte, die sich gegen den hellen Himmel abzeichneten und eine un-aufhörliche Schreikakophonie absonderten.

Ungefähr dreißig Menschen, die ständig den großen Baum umrundeten, um einen besseren Blick auf Affen zu erha-schen, wurden von Affen aus luftiger Höhe ignoriert.

Nicht genug, dass fast jedem nach einiger Zeit vom Hoch-starren der Nacken weh tat, die Chimps machten uns auch deutlich, wie unwillkommen wir waren, indem sie ständig auf die gaffenden Menschen hernieder pisselten.

Ein warmer Affenpinkel-Regen aus dem Baum breitete sich über die Besucher aus.

So vergingen ein bis zwei Stunden wie im Fluge und wir wa-ren die letzte Gruppe, die sich auf den Rückweg machte.

Unsere begleitende Rangerin war sogar so standhaft, dass sie, als uns allen der Hals extrem weh tat, mit uns eine klei-ne Ehrenrunde durch den Wald lief, um uns etwas von den Schmerzen abzulenken.

Als wir dann wie bereits erwähnt als letzte Gruppe zurück zu den Autos liefen und zu unserem Glück an einer großen Ameisenstraße zu einem etwas längerem Fotostopp anhiel-ten, erreichte ein Funkspruch unsere Rangerin, der sie mit den Worten „Follow me" ins Unterholz rennen ließ.

Wir folgten und entdecken kurz darauf zwei äußert dämli-che Schimpansen (sie hätten nur noch ein paar Minuten warten müssen, dann wären alle Menschen weg gewesen), die sich von ihrem Baum herunter gewagt hatten.

Die Rangerin stürmte voran den Affen hinterher und wir folgten ihr.

Fotografieren war natürlich schwer möglich. Nicht nur, dass wir im Laufschritt durch unwegsamen Dschungel rannten, auch machte der Rücken der zielstrebigen Rangerin jeglichen Versuch, daran vorbei zu fotografieren, zunichte.

Die Chimps waren eilig unterwegs und unsere Expedition hatte Mühe zu folgen.

Als einige schon am Ende ihrer Kräfte waren, gaben auch die Affen auf und setzten sich in ein Unterholz, um sich zu lausen.

Eine Übersprungshandlung der verfolgten Tiere, wie ich annehme.

Blitzschnell umringten wir sie und begannen unseren Foto-Dauerbeschuss.

Nach zwanzig Minuten war dann der Spuk vorbei und die Rangerin drängte zum Aufbruch.

Ich frage mich nach dieser „Activity" immer noch, wer dabei menschlicher agierte und wer der glotzende Affe war.

## Queen Elisabeth Nationalpark

### Teil 1:  Kasenyi Plains

Von den Savannenparks Ugandas darf der erfahrene Afrikareisende bezüglich der Tierwelt nicht allzu viel erwarten.

Wer die Parks in Tansania mit ihrem überquellenden Tierreichtum gesehen hat oder am Chobe River in Botswana unterwegs war, wird, wenn er Ähnliches erwartet, enttäuscht sein.

Noch immer haben sich die Nationalparks von Idi Amins Herrschaft und des darauffolgenden Bürgerkriegs nicht erholt. Während dieser Zeit wurden die Tiere der Nationalparks bis auf wenige Restbestände durch Wilderei extrem stark dezimiert.

Für viele mögen daher Besuche im QENP und Kitepo im Murchison oder Mburo etwas enttäuschend sein.

Es werden noch Jahre vergehen, bis wieder eine Wildtierdichte entstanden ist, die sich mit den Nachbarländern Kenya und Tansania vergleichen lässt.

Der Queen Elisabeth Nationalpark besteht aus verschiedenen Sektoren. Einer davon sind die direkt an einer gut befahrenen Durchgangsstraße liegenden Kasenyi Plains.

Diese Savanne ist das Gebiet, in dem die Uganda Kobs-Herden ihre Junge bekommen.

Aufgrund dieses Umstandes gibt es hier auch Löwen, deren beliebtestes Beutetier in dieser Gegend besagte Uganda Kobs sind.

Viele Alternativen gibt es leider auch nicht für den König der Tiere. Gnus, Zebras und Giraffen sucht man vergeblich und die wehrhaften Büffel sind selbst für Seine Majestät nur mit großer Vorsicht zu genießen, im wahrsten Sinne des Wortes.

Empfohlen wird Selbstfahrern, um die Löwen aufzuspüren, einen erfahrenen Guide mitzunehmen.

Wir beschlossen, es nicht zu tun und uns auf die eigene Beobachtungsgabe zu verlassen.

Ich finde es auch spannender, selbst zu suchen und das Glücksgefühl ist für uns im Erfolgsfall dann auch umso größer.

Durch die fast tierleere morgendliche Savanne begleitete uns zunächst einzig und alleine eine riesige Staubfahne.

Am Gate, das schon tief im Park liegt, trafen wir auf andere Frühaufsteher und ließen unser Ticket kontrollieren.

Dann begann die eigentliche Suche nach den seltenen Löwen und kaum fünfzehn Minuten später hielten wir bereits hinter einem Kleinbus, dessen Guide die Tiere erspäht hatte.

Trotz unseres guten Fernglases war das Rudel nur als undeutliche Miniaturen in weiter Ferne zu erkennen.

Der Entschluss, hier nicht viel länger zu verweilen, war schnell getroffen, da jedes Auto, das jetzt unterwegs war, auf diese Stelle des Weges zuhielt.

Wer also Löwen sehen will, braucht keinen Guide, sondern muss nur auf sich zusammenballende Autos achten.

Da wir uns erinnerten, schon mal Löwen gesehen zu haben (sogar näher als die weit entfernten Punkte), überließen wir allen anderen das Feld und hatten den restlichen Park für uns alleine.

Nach der Pflichtübung der Löwensichtung (egal wie weit entfernt, Löwe ist Löwe), genossen wir nun am frühen Morgen die autofreie Savanne und standen schon bald lange bei einer Büffelherde, die ganz kitschig in Richtung aufgehender Sonne an uns vorbeizog.

Als wir später dann ein waldreiches Gebiet in der Nähe des Sees erreichten, waren wir überrascht von der großen Zahl herumziehender Elefanten und äsender Antilopen.

Andere Autos sahen wir erst wieder, als wir auf der Rückfahrt den früh morgendlichen Löwen-View Point erreichten. Einige ganz Ausdauernde hofften immer noch, dass sich die Löwen der Piste nähern würden.

Ich hoffe wirklich, dass die Löwen noch nähergekommen sind und sich das Warten im Stau gelohnt hat, während wir in Afrika waren.

## Teil2: Mweya und Kazinga Channel

Im Allgemeinen mag ich es nicht, Touren mit anderen Menschen zusammen zu machen. Meine Erfahrung lehrte mich schon früh, dass mindestens einer immer zu spät kommt und mir meine Zeit stiehlt und dass mindestens zwei Personen dabei sind, die ihre Mitreisenden lautstark an ihren Empfindungen teilhaben lassen oder während der Tour die Mitreisenden mit ihrer großen Afrikaerfahrung nerven.

„Berta, schau mal, das Hippo, die gibt`s hier aber viel weniger als am Okavango,  Chobe, Selous (Namen sind austauschbar).“

„Also, in Botswana letztes Jahr waren aber viel mehr Tiere da.“

Trotz dieses Wissens um meine potentiellen Mitreisenden machten wir uns auf, um an der Bootstour am Kazinga Channel teilzunehmen.

Es gibt halt Dinge, da muss man Kompromisse machen, zumal es mir an einem eigenen Boot und der Benutzungskenntnis desselben mangelt, und die Bootstour auf dem Kanal einfach genial ist. Schon beim ersten Mal waren wir begeistert.

Vielleicht war es Zufall, aber diesmal war das Boot des Nationalparkbüros ausgebucht. Das entsprach genau meinem Gefühl, dass seit unserer letzten Tour schon etwas mehr Touristen auf den ausgetretenen Wegen unterwegs waren.

Zum Glück gibt es aber auch noch das Boot der Mweya Safari Lodge, das nahezu den gleichen Preis kostet und, wie sich herausstellte, fast leer war.

Wir buchten die Tickets an der Rezeption der Lodge und genossen Ausblick und Bier auf der Terrasse.

Alleine der wunderbare Blick auf den Kanal und die Tierwelt am Ufer rechtfertigen für uns jedes Mal den Ausflug in die Welt des Luxus-Safarilebens. Die große Bar im englischen Stil ist ein weiterer Grund, ein paar Schilling mehr für das kalte Bier unter den schattigen Pflanzenvorhängen auszugeben.

Entspannt gingen wir an Bord und setzten uns am Bug auf die linke Seite des Unterdecks.

Ein guter Entschluss, denn alle anderen Mitreisenden eilten sofort aufs Oberdeck.

Die Bootsfahrt ist ein Fest für Fotografen.

Ganz nahe fahren wir an verschiedenen jagenden Kingfisher-Arten vorbei.

Büffel und Antilopen lassen sich von uns nicht stören und geben exzellente Fotomotive ab.

Im Gegensatz zum letzten Mal sehen wir diesmal auch Elefantenherden beim Trinken.

Immer wieder sieht man auch majestätische afrikanische Fischadler. Oftmals ganz nahe sitzen sie auf Bäumen am Kanalufer.

Das gefährlichste Säugetier Afrikas, Hippopotamus amphibius oder auch Flusspferd genannt, tritt hier in unglaublich großer Zahl auf und prägt das Bild des Ufers.

Am Ende des 32 km langen natürlichen Kanals, wo er sich in den Lake Edward verbreitert, befindet sich noch ein weiteres Highlight: Ein großer Platz, an dem die Fischer mit ihrem Fang anlanden, der von etlichen Vogelarten in großer Zahl beherrscht wird.

Marabu und Pelikan, Schwärme von Afrikanischen Scherenschnäbeln und buntschnabeligen Sattelstörchen stehen dicht an dicht in der Erwartung auf Fischabfälle.

Man weiß gar nicht mehr, wo man zuerst fotografieren soll. Nach kurzer Zeit lasse ich es und genieße den Moment.

Dann drehen wir um und in schnellerer Fahrt geht es auf der anderen Seite des Kanals zurück zur Anlegestelle.

Wieder einmal viel zu schnell ist die Zeit verflogen. Diese Bootsfahrt dürfte nicht aufhören, einfach weiterfahren und sehen und staunen.

## Teil 3: Explosion Craters

Ein sehr unbekannter Teil des QENP ist die Exposion Crater Section.

Von der Mweya Halbinsel am natürlichen Kazinka Kanal, der den Edward mit dem George Lake verbindet, fährt man nach Norden.

Schon bald nach dem Abzweig von der Hauptpiste, die zur Teerstraße führt, läuft uns ein Flusspferd vom weiter entfernt liegenden Edward See kommend über den Weg und läuft langsam grasend ins Landesinnere.

Trotz besseren Wissens stelle ich mich in einem Anfall von Übermut zwischen See und Flusspferd.

Natürlich kenne ich den Rat, sich nie zwischen Wasser und Flusspferd zu stellen, aber es zu wissen und es zu erfahren sind zweierlei Dinge.

Sofort dreht sich das Flusspferd um und greift verärgert an.

Und dass behäbig aussehende Flusspferde sehr schnell unterwegs sein sollen, erfahre ich jetzt auch in der Realität.

Gerade noch rechtzeitig gelingt die Flucht.

Hätte ich in dieser Situation das Auto ausgemacht - oder abgewürgt, - hätte ich ein großes Problem bekommen.

Für mich war es wieder einmal eine Lehre, diese und andere Tiere niemals zu unterschätzen, auch wenn man sie noch so oft erlebt hat. Immer hellwach zu bleiben und Respekt zu zeigen ist bei allen wilden Tieren stets angebracht. Leider vergisst man gerade als selbsternannter erfahrener Wiederholungstäter diese einfache Regel im Laufe der Zeit und dann kann solch eine Situation ganz schön böse ausgehen.

Wir hatten diesmal Glück gehabt und nachdenklich setzen wir unsere Fahrt fort.

Auf der gesamten Fahrt in dieses Gebiet begegnen wir keinem weiteren Fahrzeug. Die Wege sind teilweise zugewachsen und Tiere zeigen sich so gut wie keine.

Teilweise geht es steil bergauf und wir fahren manchmal auf Berggraten entlang.

Als wir die ersten Kraterseen zu Gesicht bekommen, sind wir begeistert. Tiefblau leuchtet das Wasser aus der Tiefe zu uns herauf.

An den steilen Abhängen hat sich ein dichter grüner Wald gebildet und Raubvögel kreisen durch die Luft. Zwischen den Kratern liegen unter uns in tiefen Tälern Savannen mit Akazien.

Eine wunderschöne und ungewöhnliche Landschaft breitet sich hier im Norden des Parks aus, deren einziger Makel ihr Mangel an Tieren ist.

Eine große Ansammlung junger Geier, eine Art Geierkindergarten, einige kreisende Adler und wenige Antilopen sind die tierischen Highlights.

Wie schön wird es hier wieder werden, wenn in der Zukunft wieder große Herden durch diese schöne Landschaft ziehen.

Die Fahrt auf den Berggraten und Hängen ist allerdings sehr anstrengend und erfordert hohe Konzentration.

Nach Stunden und teilweise fast verschwundenen Wegen stehen wir dann eine Stunde vor Parkschließung vor dem Tor im Norden des Parks und suchen eine Möglichkeit, an der geschlossenen Schranke vorbei zu kommen.

Lautes Rufen nach einem Parkranger bringt ebenso wenig wie der Versuch, die Schranke irgendwie zu öffnen. Auch der Versuch, per Telefon das Main Gate zu erreichen, scheitert aufgrund fehlenden Empfangs.

Durch eine kleine Senke mit niedriger Vegetation gelingt es uns dann, an der Schranke vorbei und aus dem Park hinaus zu fahren.

Erst zuhause in der Lodge fällt bei einem kalten Bell Bier die Anspannung des Fahrens ab und entspannt resümieren wir die Ereignisse des Tages in diesem einsamen und landschaftlich beeindruckenden Teil des Parks.

## Teil 4: Ishasha

Weit entfernt von den anderen Regionen des QENP befindet sich der für mich schönste Teil des Queen Elisabeth NP.

Die meisten Besucher Ishashas kommen wegen der baumkletternden Löwen.

Gerüchteweise sollen sie schon manchmal gesehen worden sein, aber die Regel ist das nicht.

Dadurch, dass eine vielbefahrene Straße am schmalen Südteil Ishashas vorbei führt, ist das Jagdgebiet des Rudels stark begrenzt. Meist ziehen es die Tiere vor, in den angrenzenden kongolesischen Nationalpark abzuwandern und ihren Beutetieren zu folgen.

So umrunden viele Besucher die großen potentiellen Ruhebäume der Katzen und übersehen durch ihre Fixation auf die Löwen im Jagdfieber die Schönheit des restlichen Teil Ishashas.

Normalerweise wissen die Ranger am Gate schon, ob die Löwen da sind oder im Kongo.

Ob sie es allerdings den auf die baumkletternden Löwen fixierten Touristen erzählen, ist eine andere Sache.

Auch braucht man keinen der empfohlenen Guides, um selbige zu finden, da deren Aufenthaltsgebiet recht übersichtlich und durch die markanten großen Fig Trees auch schlecht zu übersehen ist.

Für mich persönlich ist dieser Teil der Parks der landschaftlich langweiligste.

Richtig spannend wird es im nördlichen Teil Ishashas.

Es ist ein grandioser Anblick, wenn man frühmorgens von der Abbruchkante hinunterblickt auf einen Wald, der im Dunst der aufgehenden Sonne dampft, und riesige Büffelherden sich von dort auf den Weg hinauf zur Savanne machen.

Hyänen streifen durch das Gras und fast hätten wir die Löwin übersehen, die direkt an unserem Auto vorbeilief, so fasziniert beobachteten wir den Zug der Büffel.

Als wir weiterfahren, entdecken wir immer wieder heimkehrende Hyänen, die in Tälern ihrem Ziel zustreben.

An dem jetzt in der Trockenzeit kleinen Grenzfluss zum Kongo liegen Flusspferde dichtgedrängt entlang einer Flussbiegung im Wasser und im mächtigen Baum darüber, schon auf der Kongoseite, entdecke ich endlich meinen ersten blauen Turaco. Gleich vier Tiere haben es sich hier gemütlich gemacht.

Dieser Platz am Fluss ist für mich einer der schönsten Campingplätze Ugandas, der exklusiv jeweils nur von einer Partei gebucht werden darf.

Als wir am Nachmittag wieder auf Pirsch fahren, sind wir umgeben von einer großen Topi (Leierantilope)-Antilopenherde, die wie Soldaten in Zweierreihen vor uns her marschieren.

Überall auf der Savanne stehen Antilopen und gelegentlich strebt ein Elefant dem Fluss zu.

Als die Sonne untergeht, wird es wieder einmal kitschig und wir müssen zurück zum Zeltplatz, wo ein bewaffneter Ranger und die Geräusche des Abends und der Nacht schon auf uns warten.

Die Flusspferde grasen nachts neben dem Zelt und ihr Grunzen wiegt uns in den Schlaf.

## Zimmergast

Die @the river Lodge ist bei unserem zweiten Ugandabesuch relativ neu und preiswert.

Zuvor gab es, wenn man nicht campen wollte, keine preisgünstigen Übernachtungsmöglichkeiten in der Ishasha-Gegend.

Als wir unser Auto an dem Restaurant der Loge parkten, waren wir die einzigen Gäste, die vom freundlichen Besitzer, einem in Uganda lebenden Engländer, empfangen wurden und sich ihren Bungalow am Flussufer aussuchen konnten.

Was uns diesen Platz im Gedächtnis behalten lässt, passierte, nachdem wir uns lange im Restaurant mit dem südafrikanischen Manager unterhalten hatten und zurück in unserem Bungalow waren, um etwas auf der Veranda zu lesen.

Ich beugte mich zu meiner Tasche, die aus Ermanglung an Schränken auf dem Boden stand, als ich etwas Zusammengeringeltes, Dunkelbraunes entdeckte, das bei unserem Einzug, soweit ich mich erinnern konnte, noch nicht da war.

Mit meinem Buch stupste ich dagegen und aus dem Geringel wurde eine Schlange, die sich sogleich langsam durch ein Loch im Fußboden entfernte.

Überrascht und erstaunt schaute ich zu, wie meine erste schwarze Mamba, die ich in Afrika zu Gesicht bekam, unsere Behausung verließ.

Diese juvenile Mamba war in keinster Weise aggressiv, sie war einfach nur schön und elegant.

Wahrscheinlich hatte sie sogar mehr Angst vor uns, als ich vor ihr.

Erst kurz darauf, als mir die Angestellten, denen ich das Tier zeigte, mir bestätigten, dass es eine Mamba war, machte ich mir Gedanken über unsere Begegnung.

Auf der einen Seite habe ich jetzt mehr als ein Jahrzehnt keine Mamba in Afrika zu Gesicht bekommen und normalerweise, wenn man keine hektischen schnellen Bewegungen macht  und dem Tier Fluchtmöglichkeiten lässt, wird in der Regel auch nichts passieren. Auf der anderen Seite wird ein winziges Restrisiko immer bleiben, da wir uns in ihrem Lebensraum aufhalten (nicht sie in unserem, wie manche fälschlicherweise annehmen).

Ich habe keine Ahnung, wie weit es bis zu einem Arzt oder Krankenhaus mit Antiserum gewesen wäre.

Eigentlich will ich es aber auch nicht wissen, da ich es mir denken kann.

## Ugandas Straßen Teil 2

Außer den wichtigen Teerstraßen, die größere Städte in Uganda miteinander verbinden, sind die meisten Straßen in Uganda nicht geteert.

Nach einem der zahlreichen Regengüsse gleichen viele Straßen roten Bändern, die sich durch eine grüne Landschaft schlängeln. Komplettiert wird dieses Bild dann noch idealerweise durch einen blauen Himmel darüber.

Ich kann mich an solchen Szenen nicht satt sehen. Immer wieder halte ich gerne an, um diese Bilder in mich aufzunehmen. Einmal sind es die unterschiedlichsten grünen Farbnuancen der Dschungelwände, die das Rot der Straße begleiten, ein anderes Mal das einheitliche Grün von Teeplantagen, durch die wir fahren.

Besonders in den regenreichen Bergen im Südwesten, wo sich die roten Bänder nach oben oder unten winden, sind die nicht geteerten Straßen Ugandas eine Augenweide.

Vorsicht ist aber immer angebracht. Nach Regengüssen können diese Straßen sehr rutschig werden oder sich in tiefen Morast verwandeln. Selbst ein 4x4 ist dann oftmals überfordert.

Sehr anstrengend sind auch die zahlreichen, teilweise tiefen Schlaglöcher und Steine bis zur Felsengröße, die sich auf der Straße befinden.

Ein konzentriertes Fahren mit angemessener Geschwindigkeit ist deshalb besonders auf diesen Straßen immer angeraten, gerade wenn man wie ich immer wieder die Farben der Natur Ugandas in sich aufnehmen möchte.

## Im Baumhaus

Es gibt mindestens zwei Baumhäuser in Uganda. Das bekannteste und meistbesuchte gehört zur Chimps Nest Lodge.

Weniger bekannt ist das Baumhaus der Primate Lodge Kibale, das preiswerter, aber auch bedeutend einfacher und ohne Toilette und Dusche ist, dafür aber herrlich an einer Dschungellichtung weit entfernt von der Lodge liegt.

Am Tag unserer Ankunft wurden wir noch wegen der gefährlichen Waldelefanten von einem Angestellten begleitet, auch am nächsten Morgen wurden wir abgeholt. Danach kam aber eine größere Reisegruppe in die Lodge und die zwei Baumhausbewohner waren vergessen, Waldelefanten hin oder her.

Dabei haben wir mit eigenen Augen gesehen, dass die Waldelefanten keine Legende sind.

Gleich in der ersten Nacht hatten wir Besuch.

Normalerweise treten die extrem scheuen Waldelefanten alleine oder als Paar auf. In dieser ersten Nacht im Baumhaus aber konnten wir mindestens acht dieser Tiere mit unseren starken Leuchten auf der Lichtung beobachten.

Waldelefanten werden leider immer noch gejagt, weshalb sie extrem scheu und aggressiv sind. Alleine durch unser gelegentliches Anleuchten wurden sie schon empfindlich gestört. Mit lautem bedrohlichen Trompeten wurde uns diese Nachricht eindringlich übermittelt.

Es ist schon ein eigenartiges Gefühl, mitten im Dschungel in stockdunkler Nacht in einem Baumhaus sitzend von aggressiven Elefanten umgeben zu sein.

Überall raschelt es und Fressgeräusche dringen nach oben. Wir wagen es immer nur kurz zu den Tieren zu leuchten, da den bösen Blicken auch sofort das Trompeten folgt. Vielleicht lag ihre extreme Vorsicht auch daran, dass die Tiere von mehreren Babys begleitet wurden.

Die Nacht mit den Elefanten ist nicht mit Fotos dokumentiert. Manchmal denke ich, vielleicht ist das der Grund warum ich die Szenen und Bilder dieser Nacht noch so gut in meinem Kopf abgespeichert habe, viel besser als manch anderes Erlebnis, von dem viele Fotos existieren. Und vielleicht spricht diese Tatsache auch dafür, die Kamera das nächste Mal ganz zu Hause zu lassen. Zumindest ist dies eine Gedanke wert.

Vor lauter Elefanten hätte ich beinahe unseren kleinen wehrhaften Mitbewohner vergessen zu erwähnen.

In dem Etagenbett im Baumhaus wohnt neben anderen Tieren auch eine braune kleine Echse, die wir Günther nannten.

Da die meiste Zeit keine Touristen zu Besuch im Baumhaus sind, ist Günther uneingeschränkter Besitzer des gesamten Baumhauses und nicht gewohnt zu teilen.

Aus diesem Grund ist es auch fast unmöglich, ihn aus dem Bett zu vertreiben.

Einer unserer Versuche, ihn zum temporären Umzug zu bewegen, endete damit, dass Günther mir todesmutig ins Gesicht sprang.

Danach gaben wir den Kampf mit dem tapferen Günther auf und teilten das Bett. Günther blieb zumindest bis wir schliefen im Moskitonetz am Fußende. Am Tag, solange wir entweder auf den Stühlen saßen, um Antilopen und Vögel auf der Lichtung zu beobachten oder der Lodge einen Besuch abstatteten, gehörte das Bett ihm alleine.

Damit konnten wir leben und Günther ließ uns auch in Ruhe.

Als wir dann endlich abreisten, bin ich mir fast sicher neben einem breiten Grinsen auch einen herausgestreckten Zeigefinger bei Günther gesehen zu haben.

Ich kann mich auch irren, aber ich glaube, Günther mochte uns nicht.


## Ugandas Straßen Teil 3

Meine „Lieblingsstraße" in Uganda, die die Bezeichnung „Horror" redlich verdient hat, führt von Kisoro zum Mahinga Nationalpark.

Die ungefähr fünfzehn Kilometer lange Strecke ist am Anfang noch gut befahrbar und wird erst im letzten Drittel zum Horrorweg, der es in sich hat.

Dann quält man sich im langsamen Schritttempo von Stein über Stein zu Stein. Nicht geradeaus, sondern die gesamte Breite des steinigen Martyriums nutzend und eventuell auch noch anderen Verkehrsteilnehmer ausweichend.

Es ist extrem anstrengend für Fahrer und Auto und je höher man kommt, desto größer werden Steine und Vorsprünge im steinigen Untergrund.

Auch wenn man denkt, größere Felsen wären nicht mehr zu überwinden, sollte man sich bis zum Schluss am Eingangstor zum Nationalpark auf alles gefasst machen.

Für die fünfzehn Kilometer sollte man auf jeden Fall eine gute Stunde einplanen.

Bisher habe ich mir aber erst einmal den Tank aufgeschlitzt.

Das Gute an dieser Strecke ist aber, dass der Rückweg um Einiges einfacher ist, da man nur bergab fährt.

Wenn ich mich auch auf vieles in Uganda freue, diese Strecke gehört mit Sicherheit nicht dazu.

## Golden Monkeys im Mahinga Nationalpark

Neben den berühmtesten Spezies, den Gorillas und Schimpansen, beherbergt Uganda noch eine weitere vom Aussterben bedrohte Affenart: Die Golden Monkeys.

Die Anzahl dieser kleinen Gesellen wird auf ca. 4.000 beziffert.

Die fortschreitende Zerstörung ihres Lebensraums hat ihnen ein letztes Refugium gelassen: Die Nationalparks der Virunga-Vulkane, die sich drei Länder teilen.

Sowohl in Ruanda als auch im Kongo und Uganda gibt es Nationalparks, die einen Teil dieser Berge und ihrer Bewohner schützen.

Der Bevölkerungsdruck auf die fruchtbaren Böden der Vulkane ist verständlicherweise immens groß. Die Berge beherbergen auch Berggorillas und durch die Forschungsarbeit von Dian Fossey kamen die Berggorillas und ihre Umgebung, die Virunga-Vulkane, in den Blickpunkt der Weltöffentlichkeit und wurden geschützt.

Ein Glück auch für die dort lebenden Goldmeerkatzen, die erst 2001 als eigene Art anerkannt wurden.

Ein Besuch der Tiere beginnt im schönen neuen Besucherzentrum des Mahinga Nationalpark, mit dem auch bei Gorilla- und Schimpansen-Besuchen üblichen Briefing.

Vielleicht liegt es daran, dass die Goldmeerkatzen nicht den Bekanntheitsgrad von Schimpansen oder gar Gorillas haben, weshalb wir die einzigen Besucher sind, die sich den kurzen Vortrag (Briefing) der Rangerin anhören. Leider erzählt sie uns nichts über die Goldmeerkatzen, deren Verhalten aber auch noch nicht intensiv erforscht ist.

Wie auch bei den zwei berühmteren Primatenarten sind Tracker schon längst bei der habituierten Gruppe angekommen, bevor wir überhaupt loslaufen.

Begleitet werden wir auf dieser Tour von einer Rangerin und einem Ranger mit Kalaschnikow zu unserem Schutz.

Man könnte denken, dass dieser bewaffnete Ranger etwas übertrieben sei, die Funktion dieses Mannes wird uns aber bald vor Augen geführt.

Zunächst steigen wir aber erst einmal durch ein Gebiet des Nationalparks am Mount Gahinga empor, das früher bebaut und von Menschen verändert worden war und nun, nachdem es dem Park zugeordnet wurde, wieder mit der Zeit in seinen ursprünglichen Zustand zurückversetzt wird.

Wir bleiben ab und zu stehen, um bei klarem Wetter das Massiv des Bwindi Nationalparks und die Berge des Kongo zu bewundern.

Das Besucherzentrum, von dem wir gestartet sind, liegt 2.000 Meter hoch und nach kurzer Wegzeit schaut man schon 300 Meter höher auf die Landschaft hinab.

Unser nächster Stopp ist an einem großen Strauch, an dem uns die Rangerin nach einem Chamäleon suchen lässt.

Das kleine Tier ist zwar extrem schwer zu finden, aber wir sind glücklich, gehören Chamäleons doch zu unseren Lieblingstieren.

Beim Briefing hatten wir unsere Begleiter darauf hingewiesen, doch sehr auf Chamäleons zu achten, da wir sie gerne sehen würden.

Dazu muss man wissen, dass viele Afrikaner diese Tiere nicht mögen, da sie angeblich Unglück bringen beziehungsweise als Todesboten gesehen werden.

Wer gerne Chamäleons sehen möchte, sollte dies immer explizit erwähnen.

Wir sehen auf dem Weg nach oben oft relativ frischen Elefantendung, die scheuen Tiere aber nicht.

Der Weg wird steiler, während die Vegetation sich wenig ändert, als plötzlich vor uns ein einzelner Waldbüffel durch das Dickicht über unseren Pfad stürmt.

Ein Moment, bei dem mir fast das Herz stehen bleibt.

Mr. Kalaschnikow wird ebenso überrascht wie wir und kann sein Gewehr gerade noch von der Schulter reißen, aber nicht zum Anschlag bringen.

Wir hatten Glück, dass wir nicht von dem Büffel angegriffen wurden und wir alle atmen etwas durch, bevor wir vorsichtiger weitergehen.

Allerdings wissen wir jetzt auch, dass ein bewaffneter Ranger sehr sinnvoll bei solchen Touren ist, wenn er denn schnell genug wäre.

Kurz darauf erreichen wir endlich auch die Bambuszone. Der dicke, baumhohe Bambus bildet einen beeindruckenden dunklen Wald, durch den unser Pfad führt und in dem wir an einer kleinen Lichtung die Goldmeerkatzen erreichen.

Die ungefähr zwanzigköpfige Gruppe dürfen wir sehr nahe für mehr als eine Stunde beobachten.

Gerade da wir ganz alleine dort sind, ist das Erlebnis besonders intensiv.

Wir genießen den absolut empfehlenswerten Aufenthalt bei diesen „possierlichen Tierchen", wie B. Grizmek jetzt sagen würde, bevor wir zum Besucherzentrum absteigen.

Die Golden Monkeys, da waren wir uns einig, als wir zufrieden unten ankamen, sollten mehr Aufmerksamkeit genießen.

# Ugandas Highlight: die Berggorillas

Für viele Menschen sind der Hauptgrund, Uganda zu besuchen, die Berggorillas.

500 US$ für eine Stunde Besuchszeit sind dafür kein Pappenstiel und überlegenswert. (Stand 2014)

Wenn man mich heute oder, erst recht, kurz nach dem Besuch der Tiere gefragt hätte, sind meiner Meinung nach jeder dieser 500 US$ gut angelegt. Sogar sehr gut angelegt.

Zum einen hilft das Geld dem Schutz der Tiere. Denn Gorillas, die soviel Geld in die Staatskasse Ugandas spülen, sind auf jeden Fall schützenswert.

Zum anderen hatte ich noch nie ein solches Empfinden wie in der Nähe unserer sanften Verwanden.

Wir besuchten die Habiyanya Gruppe von Buhoma aus.

Um dieses Ereignis richtig zu würdigen, reisten wir einen Tag vorher an und blieben einen weiteren Tag im Buhoma Community Camp (BCC).

Das BCC bietet preiswerte wunderschöne Unterkünfte mit Blick in den oftmals nebeldurchzogenen Dschungel des Bwindi Nationalparks.

Dass die Menschen, die dort arbeiten, extrem freundlich sind, braucht man eigentlich bei keinem der Camps in Uganda mehr zu erwähnen. Das haben wir niemals anders erlebt.

Unser Zelt „Squirrel" mit seinem „Hundertwasser"-Bad (alles ist etwas schief angebracht) ist eine tolle Destination für

„Birder". Ganz nahe kann man von der Veranda aus die Vögel beobachten und fotografieren.

Und wenn man Glück hat, wird man auch noch von einer oder mehreren Affengruppen besucht.

Das Camp gehört zu unseren Lieblingsunterkünften in Uganda.

Am Tag unseres Gorilla-Treks brachen wir aufgeregt und überpünktlich auf.

Es sind nur ein paar Meter bis zur Sammelstelle des Nationalparkbüros, auf die von überall her Touristen heran gekarrt wurden.

Immerhin gibt es in Buhoma drei Gorillagruppen, die besucht werden können und zu jeder Gruppe dürfen acht menschliche Verwandte.

Zuerst schauten wir uns alle, die auf dem Platz ankamen, einen Film im Besucherzentrum an.

Viel bekommt man davon aber leider nicht mit, da ständig Menschen während des ca. 15-minütigen Films in den kleinen Raum strömen und sich einen Platz suchen.

Als endlich auch der letzte angekommen war, war der Film dann auch vorbei.

Zumindest hatten wir die Gorillas schon einmal im Film gesehen.

Danach wurden draußen auf dem Platz die Gruppen nach der jeweiligen Buchung zugeteilt.

„Mr. XY, Habyanya Group, please go left, Mrs AB, Mubare Group, go to the Ranger under the tree, Mr. Peter, go to XX Group."

Da für viele Besucher die Gruppennamen zu schwer auszusprechen waren, wurde fortan nur noch von der M-Group oder H-Group gesprochen.

Etwas beneidete ich die Besucher der M-Group, da sie nur zu dritt waren (allerdings ist die M-Gruppe auch die zahlenmäßig Kleinste und am weitesten entfernt).

Unsere achtköpfige Gruppe versammelte sich um unsere Rangerin und wurde über den weiteren Verlauf der Tour sowie über die Verhaltensregeln vor dem und bei dem Zusammentreffen mit den Gorillas informiert.

Ein großer Betongorilla mit Abstandsmarkierung zeigte uns, wie nahe wir den Gorillas kommen dürfen. Das war die Theorie.

Die Praxis sah dann später etwas anders aus.

Dann endlich ging es los!

Nach wenigen Metern tauchten wir ein in das grüne Dickicht des Bwindi Impedible, das an diesem Morgen von Sonnenstrahlen durchdrungen wurde.

Einem schmalen Pfad folgend ging es bergauf durch den Dschungel, während die Spannung stieg.

Immer wieder wurde per Funktelefon der Kontakt zu den Trackern gesucht und Sprachfetzen wehten durch den Regenwald.

Schon nach kurzer Zeit verliert man das Gefühl für dieselbe und wir bogen vom Pfad ab hinein in das Grün.

Wir rutschten, stapften in Matsch und schlitterten einen Abhang hinunter, während das Grün um uns herum dichter, höher und allgegenwärtiger wurde.

Wir verschwanden im nuancenreichen Grün, das uns in mehreren Etagen verschlang, als plötzlich mehr Gefühl als Sehen eine Veränderung anzeigte.

Plötzlich waren die Tracker da und hinter einem Tracker bewegte sich langsam eine dunkle Gestalt durch das Dickicht, der Silberrücken.

Es ist mir nicht möglich, alle Gefühle zu beschreiben, die in diesem Moment auf mich einstürmten. Es ist nicht möglich, das Glück wiederzugeben, das ich in diesem Moment empfand.

Dieser Moment und die folgende Stunde waren so unbeschreiblich und so intensiv, dass ich sie mit niemandem teilen kann, der nicht dabei war.

Manchmal denke ich noch ich träume, wenn ich mich daran erinnere, wie ein Blackback mich zweimal angefasst hatte.

„He only wants to play" meinte die Rangerin lächelnd, als sie meinen anscheinend irritierten Gesichtsausdruck sah.

Sie berührten mich und wir hätten sie berühren können, so nahe waren wir zusammen.

Mehr mag ich dazu nicht mehr sagen, es war einfach zu beeindruckend.

Als wir im zum kleinen Pavillon am Besucherzentrum zurückkamen, wo uns Urkunden überreicht wurden, hatte jeder von uns ein Lächeln im Gesicht, das den ganzen Tag anhielt und, so glaube ich zumindest, für diesen einen Tag etwas von der Sanftmut der Gorillas geschenkt bekommen.

Ich bin mir sicher, ich erkenne mein Leben lang jemanden, der gerade von den Gorillas zurückgekommen ist.

Dieses Gefühl durfte ich auch einmal haben und vergessen werde ich das nie.


## Lets go Magic!
### Trekking zu den sagenumwobenen Mondbergen

Das Rwenzori-Gebirge ist die dritthöchste Erhebung in Afrika oder, wenn man auf das höchste, das größte usw. steht, die höchste nicht vulkanische Erhebung Afrikas.

Schon Hunderte von Jahren vor Christus gab es Gerüchte um ein schneebedecktes Gebirge im Herzen Afrikas, das Ägypten von „Schnee genährt würde" schrieb der griechische Tragödiendichter Aischylos, und Herodot berichtete von einem See zwischen Berggipfeln, den einige Forscher als den „Lac de la Lune" ansehen.

Den Begriff der legendären „Mondberge", auf denen die Quellen des Nils lokalisiert wurden, brachte dann Ptolemäus im ersten Jahrhundert nach Christus auf die Landkarten der Antike.

Ob es sich dabei wirklich um das Rwenzori-Gebirge handelte oder ob Kilimanjaro, die Virungas oder andere Berge gemeint waren, ist strittig.

Die Europäer entdeckten die Berge dann aber erst am 24. Mai 1888 durch Henry Morten Stanley, als er bei einer Expedition auf der Suche nach den Nilquellen das Massiv aus 100 km Entfernung erblickte.

Warum andere Expeditionen vor ihm nichts entdeckten, die oft sogar ganz nahe daran vorbeigelaufen waren ohne es zu sehen, wird jedem klar, der schon einmal länger in der Gegend der Berge verbracht hat.

Die meiste Zeit des Jahres sind die Berge nämlich unsichtbar. Selbst in wenigen Kilometern Entfernung ahnt man dann nichts von ihrer Existenz, sie sind einfach verschwunden in Dunst und Wolken.

Ausgangspunkte für eine Tour hinauf ins Gebirge sind Nyakalengija (Rwenzori Mountaineering Services), von wo aus man den „Central Circuit Trail" laufen kann oder Kilembe, wo Rwenzori Trekking Services den „Kilembe Trail" betreibt. Wir hatten uns aufgrund der guten und schnellen Internetkontakte von zuhause aus für Rwenzori Trekking Services, sowie aufgrund der Tatsache das dieser Treck neuer und unbekannter war, für die Kilembe Trail entschieden.

Von Kasese aus führt eine gut ausgebaute Teerstraße, auf der unterwegs eine Polizeikontrolle stationiert war, bis hinauf in das ehemalige Bergwerkstädtchen Kilembe, das wir hinter einer schmalen Eisenbrücke über einen klaren Bergfluss am frühen Nachmittag erreichten.

Im Trekkers Hostel wurden wir wie gewohnt sehr freundlich empfangen und wir genehmigten uns auf der Veranda erst einmal eine kalte Limonade, während wir uns über den Ablauf der folgenden Tage unterhielten.

Ich muss vorweg schicken, dass es sich im geringeren Maße beim Hostel, extrem aber bei den Hütten und Zelten im Gebirge, um einfache bis sehr einfache Unterkünfte handelt und die Toiletten und Waschgelegenheiten teilweise nur rudimentär beziehungsweise gar nicht vorhanden sind.

Aufgrund der Abgeschiedenheit der Berge sowie der Schwierigkeit des Transports von Materialien in die Berge aber sicher verständlich.

Am späten Nachmittag - wir hatten uns zuvor auf einen Spaziergang durch die langgestreckte Siedlung entlang der Straße gemacht und dabei viele Menschen, besonders aber neugierige Kinder getroffen, für die wir anscheinend noch ein etwas ungewohnter Anblick waren - trafen wir mit unserem Guide Robert zusammen und besprachen den Trek.

Da wir keine Gummistiefel ausleihen mochten, hatten wir eigene dabei. Gummistiefel sind ebenso wie gute Trekkingschuhe bei einem Trip ins Rwenzori obligatorisch. Und da wir nicht bis auf den Gipfel in den Gletscher wollten, brauchten wir auch keine Steigeisen oder Seile.

Auch wurde besprochen, ob es Dinge gab, gegen die wir allergisch waren oder die wir nicht essen konnten.

Alle unsere Fragen wurden in einem netten Gespräch beantwortet.

Wir beschlossen dann am nächsten Morgen um 8 Uhr aufzubrechen und verabschiedeten Robert, da er sich jetzt noch um den Einkauf kümmern wollte.

Am Abend wurde es dann sehr kühl, dicke dunkle Regenwolken hingen zwischen den Bergen und es begann zu regnen.

Regen ist keine Seltenheit hier am und auf dem Rwenzori. Ungefähr 300 Tage im Jahr regnet es an den Hängen der Berge und lässt dadurch diese einzigartige Flora entstehen, die uns die nächsten Tage so begeistern sollte.

Während man auf den Ebenen und Savannen Afrikas die Big 5 der Tiere findet, kann man in diesem Gebirge die Big 5 der Pflanzen bewundern.

Und das Wort Big ist in diesem Falle eher untertrieben.

Johanniskrautgewächse zum Beispiel, die im heimischen Garten ein paar Zentimeter hoch werden, erreichen im Rwenzori stolze 15 Meter und die berühmten Lobelien der Mondberge, bei uns auch nur kleine Blumen, die in Zentimeterhöhe gemessen werden, werden je nach Art bis zu acht Meter hoch.

Wir bestellten noch eine große, köstliche Portion Spagetti Bolognese, die uns die benötigten Kohlenhydrate für den langen morgigen Anstieg geben sollte, und gingen danach auch bald schlafen.

Der Morgen empfing uns mit dem Rwenzori typischen Wetter, tiefhängenden dunklen Wolken und Regen.

Wir packten unsere Rucsäcke am Büro und wurden Zuschauer eines riesigen Spektakels.

Robert stand vor dem Office und wählte aus einer Schar von ungefähr fünfzig Männern die Träger für unseren Treck aus.

Mir war nicht wohl bei diesem Anblick. Auf der einen Seite die zwei weißen Europäer, denen die Sache zwar nicht angenehm ist, aber Grund für alles sind, und da die Afrikaner, die unsere Verpflegung, Kochutensilien, Schlafsäcke und sogar Holzkohle hinauf ins Gebirge schleppen müssen.

Natürlich weiß ich auch, dass wir für einige der Männer Arbeit und Verdienst bringen, aber dann sehe ich wieder in große Augen von wartenden Männern, sehe Hoffnung und

Angst und sehe auch die Enttäuschung, als die Auswahl vorbei ist und die Abgewiesenen langsam davon gehen.

Pro Tag wird für jeden Trekkingteilnehmer ein Träger benötigt. Dazu kommt noch je ein persönlicher Träger für die gesamte Zeit des Treks und zu guter Letzt auch noch der Guide, der gleichzeitig auch als Koch fungiert.

So wird die Karawane auch für uns zwei Trekker schon eine ansehnliche Expedition.

Während noch immer frisches Gemüse, Eier, Obst und so weiter eintreffen und verstaut werden, laufen wir mit unserem Guide und den persönlichen Trägern (die immer in der Nähe bleiben, da sie Wechselkleidung, Schlafsäcke und andere wichtige persönliche Sachen tragen) schon Richtung Nationalpark.

Erwachsene stehen an ihren Häusern und einige winken, andere rufen Robert und den Trägern zu, worauf meist lachend und winkend geantwortet wird. Kinder laufen teilweise hinter oder neben uns her und lachen, winken und schreien.

Die Expedition hat begonnen und jetzt ist es ein ganz anderes Gefühl, das mich gefangen nimmt: eine Aufbruchsstimmung, ein Gefühl von Abenteuer wie aus den Büchern und Filmen, die mich hierhergelockt hatten, und eine große Freude auf das, was vor uns liegt.

Am Ende von Kilembe verschwindet der Teerbelag der Straße und die selbige wird zu einem Feldweg, der beim ersten kleineren Anstieg in einen Pfad übergeht.

Wir klettern durch ein kleines Dorf mit wenigen Strohhütten und laufen durch Felder und vorbei an Obstbäumen.

Die Nationalparkgrenze, die wir dann erreichen, ist markiert durch eine akkurate Baumreihe.

Kurz dahinter befindet sich eine kleine Banda, an der wir stoppen. Hier bekommen wir ein kurzes Briefing bezüglich des Verhaltens im Nationalpark und zahlen die 35 US$ pro Person und pro Tag Eintritt.

Gleich hinter der Banda des Nationalparkrangers tauchen wir ein in den Wald, der uns nun vor dem Regen schützt.

Wir überqueren glasklare, rauschende Bergbäche zunächst noch über Holzbrücken, dann aber von Stein zu Stein springend (oder ins Wasser tretend).

Robert macht uns auf eine Stelle aufmerksam, an der für die Geister der Berge geopfert wird, während alles um uns herum im Nebel versinkt und ein Nieselregen die Luftfeuchtigkeit auf 100 % ansteigen lässt.

Es ist warm und wir klettern schwitzend steile Anstiege hinauf.

Ein unglaubliches Grün mit vielen Moosen und dem Zwitschern der Vögel umgibt uns. Ab und zu hört man Affen.

Einmal sehen wir einen Trupp schwarzer Mangaben, manchmal einen der zwitschernden Vögel.

An einem Rockshelter, einem Felsüberhang mit integrierter halber Hütte, ehemals von Wilderern errichtet, machen wir Rast. Die feuchte Luft, der Nebel und der Nieselregen erwecken den Eindruck eines Dampfbades, das mir aber nicht unangenehm ist, im Gegenteil.

Wirkt die ganze Szenerie doch mystisch und geheimnisvoll.

Viel zu schnell für meinen Geschmack geht es dann aber wieder weiter.

Längst haben uns die Träger überholt und sind uns um Längen voraus, als wir zum längsten und steilsten Abschnitt des Tages kommen.

Ich merke nun zum ersten Mal, was es bedeutet, im Rwenzori zu trekken. Nicht umsonst wird dieses Gebirge als sehr schwierig und anstrengend beschrieben.

Obwohl wir beide zuhause Marathon laufen und seit einem Jahr immer wieder die steilen Anstiege in den Weinbergen geübt hatten, kommen wir ziemlich erschöpft und ausgepumpt an unserem Tagesziel an.

Zum Glück stand bereits heißes Wasser für Tee bereit und wir relaxten erst einmal auf der Veranda der Hütte.

Wir waren so erschöpft, dass wir uns kaum bewegten und anscheinend deshalb auch nicht von dem Red Duiker wahrgenommen wurden, der plötzlich auf dem Pfad vor unserer Hütte stand und sich langsam auf uns zubewegte.

Erst als er sehr nahegekommen war, machte er sich nach einem taxierenden Blick auf die müden Eindringlinge mit einem Sprung ins Dickicht davon.

An der Hütte lernten wir auch einen jungen Medizinstudenten aus Bayern kennen, der zwar eine längere Tour gebucht hatte, sich aber eingestehen musste, dass er seine körperlichen Grenzen im Rwenzori überschritten hatte. So hatte er zur Regeneration an der Hütte den Tag verbracht und wollte am nächsten Morgen zurück nach Kilembe.

Er arbeitete einige Monate in einem Krankenhaus in Kampala und wir hatten sehr viel zu erzählen.

Inzwischen hatte es aufgehört zu regnen und Nebelfetzen zogen durch die Wälder und vorbei an den steilen Berghängen und ließen den Wasserfall am Berg gegenüber manchmal verschwinden.

Bedingt durch unser Training waren wir schnell wieder regeneriert und liefen zu einem anderen Wasserfall einige hundert Meter unterhalb unseres Camps.

Kein großer Wasserfall, eher unscheinbar und schmächtig, aber trotzdem ein magischer Platz, besonders als Sonnenstrahlen durch die moosverhangenen Bäume und Pflanzen als leuchtende Bahnen ihren Weg in das Wasser des kleinen Pools vor dem Wasserfall suchten.

Das Essen am Abend war mehr als phantastisch. Ein mehrgängiges Menü in den Bergen im Dschungel.

Es hatte wieder angefangen zu regnen und die Pfade waren matschig.

Die Regentropfen trommelten auf das Dach unserer Hütte und draußen hörte man die geheimnisvollen Rufe von unsichtbaren Wesen, den Baumdassies.

Genauso hatte ich mir die mystischen Mondberge vorgestellt.

Es folgten noch einige Tage durch unglaubliche Landschaften und Begegnungen mit Chamäleons, Duikern und den phantastisch gefärbten Rwenzori-Turakos.

Der Regen und die dunklen Wolken hatten sich verzogen und wir liefen oberhalb der Baumgrenze über sonnendurchflutete Ebenen und Bergrücken.

Schon Mitte des zweiten Tages mussten wir unsere Trekkingschuhe mit den unbequemeren Gummistiefeln tauschen und lange Passagen durch Matsch und Moor gehen. Manchmal ging man auch auf einem Pflanzenteppich, unter dem klares rötliches Wasser stand. Immer wieder ging es steil hinauf und ebenso wieder hinunter.

Das Atmen wurde mit jedem Höhenmeter schwieriger.

Verschwitzt und erschöpft erreichten wir unsere Etappenziele und froren in der eiskalten Luft, sobald die Sonne am Horizont verschwunden war.

Auch das Schlafen wurde in der dünnen, kalten Luft schwieriger und zuvor wurden am Lagerfeuer nach dem Essen Geschichten erzählt mit einem heißen Tee in der Hand.

Jede der Unterkünfte in den Bergen hatte ihr eigenes Flair und unterschied sich sehr stark von den anderen, auch da wir uns immer wieder in einer anderen Vegetationszone befanden.

Aber hier beende ich auch meine Erzählung über die Tour. Ich finde, es soll nicht alles haargenau beschrieben werden. Dadurch bleiben auch noch Geheimnisse und Überraschungen für jeden, der es schafft, die Wunderwelt des Rwenzori mit eigenen Augen zu sehen.

Ich freue mich aber immer wieder, selbst jetzt beim Schreiben, dass ich das große Glück hatte, dieses Wunder der Natur besuchen zu dürfen. Es ist ein Erlebnis, das unvergessen bleibt.

Und einer meiner schönsten Träume ist, dass ich mich wieder in den Zauberwäldern und Mooren der Mondberge befinde, schwitzend, schwer atmend, aber unglaublich glücklich und begeistert.

# Kirchbesuch am Sonntag

Ein Kleinod im Süden des Bwindi Nationalparks ist das Shongi Community Camp.

Am Ende eines Weges, eingebettet in ein Tal, schaut man auf die beeindruckende Dschungelwand des angrenzenden Nationalparks.

Gelegentlich sollen auch hier Elefanten zum Fressen auf die Lichtung vor unserer Banda kommen, sagt man uns bei der Ankunft.

Ein kleiner Bach fließt hier direkt am Camp vorbei, von unserer Terrasse hört man manchmal ein Glucksen und Gluckern des Wassers, das sich im Gras der Lichtung seinen Weg sucht.

Erst am kleinen, liebevoll ausgestatteten Restaurant scheint der Bach seinen Weg gefunden zu haben und fließt von dort über Steine und Wurzeln entlang einer kleinen Schlucht mit Riesenfarnen dem Kongo entgegen.

Unsere mit traditionellem Baumaterial gebaute Banda ist blitzsauber und tagsüber wunderbar kühl, während sie nachts die gespeicherte Wärme abgibt.

Eine kleine Veranda mit dem Blick auf die von Urwaldriesen umrahmte Lichtung, mit ihren zwei hölzernen Sesseln und dem kleinen Holztisch, lädt zum Lesen und zur Tierbeobachtung ein.

Als wir unter großem Unverständnis erklären, dass wir keine Activities geplant hätten und trotzdem einige Tage hier bleiben wollten, bitten wir wie gewohnt darum, wenn irgendwo ein Chamäleon gesichtet würde, dass man es uns doch bitte zeigen möge und ziehen uns zum Lesen auf die Veranda zurück.

Keine Stunde später erscheint ein junger Mann und erklärt uns, dass beauftragte Kinder Chamäleons gefunden hätten.

Wir sind mehr als überrascht und folgen dem Mann ein paar Schritte zu dem kleinen Lagerfeuerplatz hinter unserer Banda.

Wir trauen unseren Augen nicht, als wir zwei große Chamäleons sehen, die wir gleich ausgiebig fotografieren und filmen.

Danach setzen wir sie getrennt voneinander in verschiedene Bäume, da männliche Chamäleons äußerst aggressiv auf Artgenossen reagieren.

Am späten Nachmittag trafen wir im Camp dann auf Mr. Silver, den Chef der Community.

Wir saßen zusammen und er erzählte uns von dem Schulneubau, damit die Kinder nicht mehr 20 km laufen müssten, um zur Schule zu kommen.

„They are tired when they come back, especially the small ones."

Das kann man gut nachvollziehen.

Unsere sechs und siebenjährigen werden meist bis zur Schultür gefahren, damit sie keinen Schritt zu viel laufen müssen und hier müssen die Kinder 20 km hin- und 20 km zurücklaufen!

Und das bergauf und bergab.

Wir redeten über dieses und jenes und kamen auch auf Religion zu sprechen und auf Kirchen und wie es manchmal so kommt - wir hatten ja nichts Besonderes vor und am nächsten Tag war Sonntag - und schon war ein gemeinsamer Kirchenbesuch vereinbart.

Die nächstgelegene Kirche war eine katholische Kirche, „not far from here", versicherte uns Mr. Silver.

Zwei Frauen aus dem Camp begleiteten uns am nächsten Morgen bis ins Dorf zum Haus von Mr. Silver.

Als wir auf ihn warteten, entdeckten wir selbst unser erstes Chamäleon neben uns in einem Busch.

Auf die uns umstehende und beobachtende Jugend machte unsere Entdeckung keinen Eindruck, eher machte sich eine gewisse Belustigung über die unverständliche Begeisterung der Mzungus breit.

Mit Mr. Silver ging es dann zunächst bergab entlang einer staubigen Straße bis zur Weggabelung.

Unterwegs wurden immer wieder kleine Schwätzchen gehalten oder Familienangehörige begrüßt.

Eigentlich genauso wie es auch bei uns auf dem Land auf dem Weg zur Kirche ist.

Man bedauerte, dass im Moment das gute Primus-Bier aus dem nahen Kongo nicht geliefert werden könnte und gab der Hoffnung Ausdruck, dass sich diese Situation doch bald ändern möge.

Die kleine Enkelin wurde nicht ohne das übliche kleine Schwätzchen aus dem Gemischtwarenladen abgeholt und begleitete uns nun einen schmalen Pfad hinauf zu der Kirche.

Kleine Wasserrinnsale sorgten für matschige Stellen, Ziegen schauten uns an und meckerten über die Störung, Kronenkraniche, der Nationalvogel Ugandas, stolzierten auf abgeernteten Feldern, Raubvögel kreisen am Himmel und unser Bach aus dem Camp hatte sich, inzwischen weit unter uns, auf seine Reise ins Nachbarland beachtlich vergrößert.

Nebel und Rauch aus den Feuern von Häusern und Feldern zog durch die Täler, während Vogelstimmen uns begleiteten.

Ein schöner, ruhiger Sonntagssparziergang in Afrika.

Nach einer Stunde, meist bergauf, erreichten wir als Erste die winzige Kirche auf dem Berg.

Mr. Silver stellte uns dem Pfarrer vor und dolmetschte.

Wir schauten uns den Schulneubau sowie die Erweiterungsarbeiten an der Kirche an.

In Ermanglung eines Glockenturms mit Glocke wurde die Trommel bemüht, die weit hinab in die Täler schallte.

Insgesamt drei Mal wird getrommelt. Beim ersten Mal langsam, denn dann ist noch lange Zeit bis Gottesdienstanfang, beim zweiten Mal schneller und beim dritten Mal besonders eindringlich und im schnellen Rhythmus.

Der Platz vor der Kirche füllte sich langsam und als der Gottesdienst begann, war das kleine Kirchlein mit seinen 10 Bankreihen fast komplett gefüllt.

Wir hatten vorher noch ein paar Sätze in der hier gebräuchlichen Sprache mit Mr. Silver geübt und konnten deshalb auch jeden neu Ankommenden mit einem fröhlichen „Guten Morgen! Wie geht es Ihnen?" begrüßen, was uns zunächst erstaunte Blicke, dann aber gleich ein erfreutes Lächeln einbrachte.

Man sollte sich aber keine Kirche wie bei uns vorstellen, hier handelte es sich um ein einfaches Lehmhaus mit einer

Tür und etlichen Fenstern ohne Glas, die von Holzläden verschlossen werden konnten.

Einziger Schmuck an den Wänden waren einige wenige verblichene Missionsplakate.

Der Altar war ein einfacher Tisch und ein Holzstuhl diente dem Priester zum zwischenzeitlichen Ausruhen.

In der Kirche war es wegen der Lehmbauweise angenehm kühl und da auch alle Fenster geöffnet waren, zog manchmal eine angenehme Brise durch das Haus.

Eine Gruppe junger Frauen begann nun zu tanzen, es wurde getrommelt und fast die gesamte Kirche begann zu singen. Nicht verschämt leise und zaghaft wie zuhause in Deutschland.

Nein, hier wurde Begeisterung herausgesungen und -getanzt. Binnen weniger Minuten tanzten alle und klatschten im Rhythmus der Trommeln. Laut erklang der Gesang und die Trommeln begleiteten ihn.

Keiner konnte mehr stillstehen und immer mehr Menschen, Männer in Anzügen, Frauen in bunten Sonntagsröcken und Kleidern, strömten in die Kirche.

Die Eingangstür wurde weit aufgerissen und der Platz vor der Kirche füllte sich schnell mit weiteren Menschen.

Zweieinhalb Stunden dauerte der Gottesdienst. Tanz, Gesang, Trommeln, aber auch lange Reden und eine Predigt ließen diese Zeit wie im Fluge vergehen.

Es wurde über die Fortschritte der Bauarbeiten berichtet.

Gebaut werden konnte nur, wenn wieder einige Spendengelder der Gemeinschaft eingegangen waren, um Zement zu kaufen.

Sowohl Schule als auch Kirchenerweiterung wurden nur von ihnen selbst finanziert.

Geld vom Staat oder aus anderen Quellen gab es nicht.

Natürlich spendeten wir einen angemessenen Betrag bei der Kollekte und natürlich kam ich der Aufforderung nach, etwas über uns zu erzählen.

Mr. Silver half auch da wieder als Dolmetscher.

Danach durften wir uns als erste Europäer in das „goldene Buch" der Kirchengemeinde eintragen.

Wir waren wirklich die ersten Weißen, die diese kleine Kirche auf dem Hügel besucht hatten, was uns schon etwas stolz machte.

Nachdem wir uns allen Friede gewünscht und uns gegenseitig die Hände geschüttelt hatten, verließen wir nach einem grandiosen Tanz und Gesangsfinale die Kirche und ich hatte das Gefühl bei diesen Menschen angekommen zu sein.

Wir haben ein winziges Stück Alltag mitten in Afrika zusammen erlebt und dadurch die Menschen der Shongi Community für uns unvergessen gemacht.


## Am Lake Albert


Eine landschaftlich schöne Strecke führt von Fort Portal hinunter in das Tal des Semliki Rivers.

Dort befindet sich neben dem Semliki Nationalpark auch das Toro-Semliki Wildlife Reserve, eines der ältesten Schutzgebiete Ugandas.

In früheren Zeiten (bis zu Beginn der Amin-Ära) muss dieses Reservat ein Garten Eden gewesen sein und es sollte dort von Uganda Kobs und ihren Jägern nur so gewimmelt haben.

Heute fährt man auf einer nicht asphaltierten Straße durch ein immer noch recht tierarmes Schutzgebiet bis zum Fischerdorf Ntoroko.

Bei der kostenfreien Durchfahrt sahen wir Affen, Kobs, Büffel, Warzenschweine und mehrere der großen Ground Hornbills.

Aber die Tiere in der Savanne waren nicht unser primäres Ziel für die Tour zum Albertsee, an dessen südlichem Ufer der Fischerort Ntoroko liegt.

Wir waren wegen des Vaters des Schuhs hier, Abu Markub, wie der Schuhschnabel im Arabischen heißt.

Hier am Südufer des Albertsee sollte eine gute Chance bestehen, diesen seltenen Vogel in den Schilf- und Papyruswäldern beobachten zu können.

Wir fuhren durch den äußerst dreckigen Ort (bei einer Preisverleihung würden wir Ntoroko sicherlich für den schmutzigsten Ort Ugandas vorschlagen) mit Müllhalten mitten im Dorf, wo sich mit Geschwüren bedeckte Paviane und Marabus aus dem qualmenden Unrat ernährten und Kinder spielten.

Kurz bevor wenig später die Straße im See endete, bogen wir rechts zum „Besucherzentrum" des Reservats ab und stiegen aus.

Wir wurden von unserem zukünftigen Freund Paul, einem Ranger des Schutzgebietes, empfangen.

Unsere wichtigste Frage, ob wir am nächsten Tag mit einem Boot auf die Suche nach dem Schuhschnabel gehen konnten, wurde zu unserer Zufriedenheit beantwortet und wir brauchten eine Unterkunft.

Die metallene Banda in praller Sonne, die uns auch farblich sehr an unsere Unterkunft im Ruaha-Nationalpark erinnerte und in der wir vor Hitze kaum schlafen konnten, war nicht unsere Wunschunterkunft und so überlegten wir doch, wieder zu zelten.

Allerdings hatten wir auch nach den letzten Nächten, die wir ausnahmslos im Zelt verbracht hatten, eigentlich eine feste Behausung mit richtigen Betten im Sinn gehabt.

Als wir so durch die Gegend liefen auf der Suche nach einem geeigneten Zeltplatz, fielen uns vier hausgroße Zelte direkt am Ufer des Sees auf.

Als wir sie uns ansahen, kamen uns zwei Männer entgegen, die sich als Besitzer dieser nagelneuen Tendet Camp-Anlage herausstellten, soweit das der herbeigeeilte Paul richtig übersetzte.

Nach einer kurzen Besichtigung waren wir mehr als begeistert und da wir bei den Preisverhandlungen noch einen mehr als akzeptablen Preis erzielten, zogen wir als erste Gäste ein.

Wir konnten unser Glück kaum fassen. „Jenseits von Afrika", oder wie die Filmschnulzen auch noch so hießen, war Wirklichkeit geworden.

Das Camp war so neu, dass es noch nicht einmal einen Namen hatte, was uns aber nicht im Geringsten störte.

Ein Restaurant wolle man demnächst auch noch bauen, wurde uns erklärt und Paul stellte sich für die Bewirtung bereit.

Wir tauschten unsere Telefonnummern aus und bei Bedarf sollten wir anrufen. Paul würde uns dann sofort Essen und Getränke aus dem Fischerdorf bringen.

Unseren ersten Wunsch gaben wir ihm gleich mit auf den Weg: zwei Flaschen Bier und auch die Bestellung zweier Abendessen wurde dankend entgegen genommen.

Wir hatten es uns kaum auf unserer Terrasse gemütlich gemacht, als Paul mit einem Motorrad auch schon wieder mit zwei Flaschen Bier auftauchte.

Was sage ich, zwei Flaschen Bier, nein, es waren zwei richtig eiskalte Flaschen Bier!

Damit hatte ich absolut nicht gerechnet, ist kaltes Bier doch in Uganda oft Mangelware.

Paul fragte auch noch nach der Zeit für das Abendessen und die Abfahrt des Bootes am nächsten Morgen, das er auch noch organisieren musste.

Dann gaben wir uns der Vogelbeobachtung und dem angenehmen Nichtstun auf der Veranda unserer Luxusbehausung hin.

Der Platz war ein genialer Platz für die Vogelbeobachtung.

Unser Zelt stand gerade einmal einen Meter vom Uferabbruch entfernt.

Der Albertsee mit seinen Wellen hatte hier ein kleines, meterhohes Steilufer geschaffen und arbeitete daran, sich weiteres Ufer einzuverleiben.

Ich frage mich, ob unsere Luxuszelte heute noch stehen, ob die paar Sandsäcke der Campbetreiber geholfen haben oder ob sich der mächtige See das Ufer und die Zelte darauf bereits geholt hat.

Der 170 km lange und 30 km breite fischreiche Albertsee wird aufgrund seiner schweren Stürme mit hohen Wellen von den Fischern gefürchtet.

Keine guten Voraussetzungen für ein Camp ohne großen Schutz direkt am Ufer.

Während unseres Aufenthaltes zeigte sich der große See allerdings friedlich und nur sanfte Wellen schlugen an den Strand.

Auf der linken Seite erheben sich die Blue Mountains des Kongo, rechts steigt steil das Uganda-Hochland empor.

Vor uns spazieren diverse Wasservögel am schmalen Strand entlang, unterschiedliche Eisvogelarten jagen direkt vor unserer Nase. Ibisse, Marabus und Pelikane sind ständig präsent, Vogelschwärme fliegen über uns.

Wenn das kein Paradies für „Birder" ist, was dann.

Wie ein Meer liegt der Albertsee vor uns und wir genießen unseren Urlaub am Strand, weshalb Paul auch telefonisch einen weiteren Auftrag für zwei weitere kalte Flaschen Bier bekommt.

Nicht sehr bekannt ist die Tatsache, dass hier am See im Jahre 1951 die Außenaufnahmen für einen unserer Lieblingsfilme, „African Queen" mit Humphrey Bogart und Katharine Hepburn, gedreht wurden.

Als wir uns bei Sonnenschein und blauem Himmel darüber unterhalten, ahnen wir noch nicht, dass wir nicht viel später in eine Szene aus diesem Film geraten.

Aber der Reihe nach:

Als die Sonne so langsam hinter den Blue Mountains im Westen verschwindet, erleben wir einen unglaublichen Sonnenuntergang. Der Himmel verwandelt sich in ein Rot aus verschiedenen, dunkler werdenden Schattierungen. Glänzend und funkelnd präsentiert sich der See, über den mit ihren Rufen immer größere Vogelschwärme an uns vorüberziehen, und am Ufer bewegen sich Scherenschnitte von großen Vögeln mit dem glitzerndem See im Hintergrund.

Paul bringt uns unser Abendessen.

Fischcurry mit Matoke.

Das Essen ist nicht herausragend, aber gut genießbar und wir dinieren auf der Veranda.

Paul hat uns eine Petroleumlampe aufgehängt und alles wirkt im warmen Schein des Lichts friedlich, als das Inferno über uns hereinbricht.

Zuerst sind es nur wenige schwarze Mücken, aber innerhalb weniger Minuten (oder waren es nur Sekunden) ist alles um uns herum schwarz.

Unsere Teller, die Töpfe und die Lampe sind von einem sich bewegenden schwarzen Brei aus Mücken bedeckt.

Unsere Kleidung besteht aus lebendem Schwarz und die Luft vibriert vor Mücken.

„Lake Flies" heißen diese Tierchen, eine Zuckermückenart.

Wer „African Queen" kennt, wird sich an die Szene im Film sicherlich erinnern.

Genauso ist es jetzt hier, ganz genauso!

Nachdem uns die Situation klar geworden ist, versuchen wir schnellstmöglich, in unsere Behausung zu kommen, ohne Tausende von Lake Flies mit hinein zu nehmen.

Wir klopfen unsere Kleidung so gut es geht ab und schlüpfen ins Zelt.

Dort säubern wir uns noch einmal so gut es geht und sind erst einmal fassungslos.

Natürlich hatte ich von den „Lake Flies" gehört. Am Victoria-See hatten wir auch schon welche, aber da war das Ganze viel harmloser und ich hielt die Szene im Film für eine typische Hollywood-Übertreibung.

Am Albertsee wurde ich nun eines Besseren belehrt.

Die Tiere beißen oder stechen nicht. Zum Glück!

Aber sie krabbeln überall hin und sie sind allein durch ihre Masse mehr als beängstigend.

Faszinierend ist auch die Geschwindigkeit, mit der sich alles um uns herum in diese lebende schwarze Masse verwandelt hat.

Hier zeigte sich wieder einmal, wie beeindruckend, unvorstellbar und unvorhersehbar die Natur ist.

Beeindruckt von dieser Naturgewalt schlafen wir ein.

Am nächsten Morgen bin ich nervös, während wir auf Paul warten.

Heute habe ich die Chance, den Schuhschnabel endlich zu sehen. Schon lange ist es ein Traum von mir, diesen seltenen Vogel in seinem angestammten Habitat erleben zu dürfen.

Man geht heute davon aus, dass weniger als 8.000 Exemplare dieser Tierart noch leben, mehr als 80% davon im Süden des Südsudan.

Die anderen wenigen Tiere verteilen sich auf Tansania, Sambia und Uganda.

Leider wird durch Vernichtung ihres Lebensraums und durch die Vertreibung durch Fischer ihr Bestand immer weniger.

Es ist zwar noch dunkel, als Paul endlich mit einem Fischer und seinem Boot erscheint, aber trotzdem ist er eine Stunde zu spät, da so schnell kein Sprit für das Boot am frühen Morgen aufzutreiben war.

Wir versuchen, ohne viel mit Wasser in Kontakt zu kommen einzusteigen, da der See stark mit Bilharziose verseucht ist.

Nützt uns aber nicht viel, da im Boot das Seewasser mehr als knöchelhoch steht.

Nicht daran denken und genießen, denke ich, und halte mich auch daran.

Die Fahrt im kühlen Morgenwind setzt da an, wo der gestrige Sonnenuntergang geendet hatte.

Der Himmel beginnt rot zu werden und wieder sind Boote, Fischer und Vögel Scherenschnitte über dem ruhigen Spiegel des Sees.

Nach einer knappen Stunde Fahrt erreichen wir das Sumpfgebiet, in dem sich der Schuhschnabel versteckt halten soll.

Die Spannung ist jetzt fast greifbar.

In jeder mit Papyrus gesäumten Bucht, in die wir hineinfahren, erwarten wir, ihn zu entdecken.

Paul steht hoch aufgerichtet im Boot und späht mit dem Fernglas.

Die Sonne ist inzwischen über den Bergen und beleuchtet mit warmem gelbem Licht die Kanäle im Schilf und Papyrus.

Wir sehen viele Reiher, Pelikane, Enten und andere Wasservögel, aber der Schuhschnabel bleibt unsichtbar.

Es liegt hauptsächlich daran, dass wir etwas zu spät losgefahren waren und die Fischer aus dem Dorf schon alle hier waren und den scheuen Vogel, den sie auch als Konkurrenten sehen, verscheucht haben.

Paul gibt sich alle Mühe, ihn doch noch aufzuspüren.

An einer Insel mit abgestorbenen, im Wasser stehenden Bäumen brüten Fischadler.

Die Fahrt ist toll und die Landschaft hervorragend, aber die Enttäuschung bleibt.

Ich hatte so gehofft, ihn hier zu sehen.

Aber so ist die Natur.

Beeindruckend, unvorhersehbar und heute Morgen sehr grausam zu mir!


## Traveller's Rest


Es gibt die unterschiedlichsten Unterkünfte in Uganda: von der Luxusloge bis zum einfachen Camping. Aber keine hat mich mehr beeindruckt als das Traveller's Rest in Kisoro.

Sicher gibt es schönere und bessere Hotels, aber keines hat so einen geschichtlichen Background.

Wobei man hier Geschichte nicht in Jahrhunderten verstehen sollte.

Bekanntester Gast war wohl Dian Fossey, die mit dem Film „Gorillas im Nebel" zusammen mit ihren tierischen Schützlingen ein Denkmal gesetzt bekam und die das Traveller's Rest als ihr zweites Zuhause bezeichnete.

Aber auch alle anderen bekannten Gorillaforscher waren im Traveller's Rest einquartiert.

Für mich ist das Traveller's Rest mit seinem vermoosten Rasen und seinem alten Baumbestand eine Oase der Ruhe inmitten der quirligen Kleinstadt Kisoro.

Die Bar und das Kaminzimmer mit den Kunstwerken und Masken atmen noch immer den Atem einer vergangenen Zeit, während sich am Abend draußen auf den alten hohen Bäumen Hunderte von Vögeln zur Nachtruhe einfinden.

Alleine schon für diese Atmosphäre würde ich mit keinem anderen Hotel tauschen, auch wenn es bessere Betten, schönere Badezimmer und nagelneue Zimmer hätte.

Ich weiß nicht, wie oft wir schon im Traveller's Rest übernachtet haben, für mich ist es inzwischen auch schon ein Nachhausekommen, wenn wir in Uganda unterwegs sind.

Nach Vulkanbesteigungen und Affenbeobachtungen oder auf dem Rückweg von Bwindis Süden oder Lake Mutanda freute ich mich immer auf die großen Sessel im Garten, auf das leckere Abendessen und einen Drink im Kaminzimmer nach dem Essen.

Und immer wieder stehe ich gerne ein paar Meter hinter der Rezeption Richtung Garten vor einer Glasvitrine, in dem Dankesworte von Gästen auf Zetteln und herausgerissenen Notizbuchseiten zu finden sind.

Es hatte lange gedauert, bis ich unten links den etwas vergilbten Zettel gefunden habe:

„Es war sehr interessant für mich, mit den sehr erfahrenen Führern die Pflanzen zu suchen und zu kosten, die Gorillas essen und ihren Lebensraum kennen zu lernen.

Ich habe mich in diesen Tagen im Traveller's Rest sehr wohl gefühlt.

Für die Zukunft alles Gute!

B.Grzimek

Frankfurt/Main, Zoo"

Da hatte ich doch mit einem Held meiner Kindertage das gleiche Hotel geteilt!

War er es doch, der mit seinen Filmen und noch mehr mit seiner abendlichen Fernsehsendung mein Interesse an Tieren und am Kontinent Afrika geweckt hatte.

Und nun war ich ungefähr fünfzig Jahre später auch da. Ein schönes Gefühl, das Erinnerungen weckte, hier im Traveller's Rest.


## Mabamba-Sümpfe


Im Frankfurter Zoo hatte ich als Kind meinen ersten und bisher einzigen lebenden Schuhschnabel gesehen.

Gleich vorne am Eingang, an dem kleinen Teich mit den Flamingos, stand der seltsame Vogel meist regungslos und doch so außergewöhnlich.

Mich hatte er mehr fasziniert als die bunten Flamingos oder als viele andere Tiere, die ich zu sehen bekam.

Dazu kam dann noch das Wissen über seine Lebensweise.

In den unzugänglichen Sümpfen im Inneren Afrikas, im Süden des Sudans und dem wilden Uganda sollte er leben.

Seine Nahrung seien urzeitliche Lungenfische, ebenso seltsame Kreaturen wie er selbst, und über seine versteckte Lebensweise war wenig bekannt.

Das war für mich als Kind der Stoff, aus dem einige Abenteuerträume waren.

Und nun war ich schon Wochen in Uganda unterwegs, auch mehrmals direkt in seinem Habitat, ohne ihn zu Gesicht zu bekommen

Nach all den Fehlschlägen im Murchiston Falls NP oder am Albertsee hatte ich noch eine Option ihn zu sehen: die Mabamba-Sümpfe.

Es gibt zwei Möglichkeiten, die Sümpfe zu erreichen.

Mit dem Auto sind es ungefähr 40 km von Entebbe aus über staubige Straßen und kleine Dörfer bis zum kleinen Büro der Community, von wo man ein kleines Boot mit Bootsführer und Guide für die Fahrt in die Sümpfe anmieten kann.

Obwohl es Luftlinie (oder wie der Bradt-Reiseführer schreibt: „like the crow flies") nur 5 km sind, braucht man eine gute Stunde, um auf dem Landweg dorthin zu kommen.

Die zweite Möglichkeit besteht darin, sich in Entebbe ein Boot zu mieten und dann über den Victoria-See zu den Sümpfen zu fahren und dort auf offenem See in das kleinere Boot der Mabamba Community umzusteigen.

Da wir beide Möglichkeiten ausprobiert haben (daran kann man sehen das wir mehrmals in den Sümpfen waren), können wir für uns sagen, dass beide Optionen ihren Reiz haben, wobei die Bootvariante doch entspannter und schöner ist.

Die Fahrt über den Victoria-See mit der aufgehenden Sonne über Entebbe ist ein toller Einstieg in das Abenteuer Mabamba.

Wenn man dann in das kleine Boot umgestiegen ist und durch die immer enger werdenden Kanäle der Sümpfe fährt oder geschoben wird, taucht man richtig ein in diese Landschaft aus Papyrus, Gräsern, Wasser und Wasservögel.

Immer wieder sieht man Enten, Reiher und Eisvögel. Ab und zu einen Kronenkranich oder einen anderen der zahlreichen Stimmen aus dem Schilf. Seerosen und Wasserlilien gleiten vorbei und die Spannung steigt.

Mehrere Stunden waren wir jeweils unterwegs in den Sümpfen und langweilig war es zu keiner Sekunde.

Und der schönste Moment war, als Pascal, unser Guide, ganz lapidar „in front of us shoebill" sagte.

Er war noch etwas weiter weg, aber bereits gut zu erkennen. Allein diese Begegnung hatte mich schon überglücklich gemacht.

Aber was nun folgte bleibt unvergessen.

Pascal und der Bootsmann steuerten mit Paddeln das Boot auf den Vogel zu.

Als das nicht mehr funktionierte, wurde das Boot über Gras und Wasserpflanzen immer näher an den Vogel herangeschoben. Wir holten uns alle nasse Füße und Beine und waren morastverschmiert, aber wir kamen ihm sehr nahe.

Unglaublich eindrucksvoll stand er nun regungslos, wie ich ihn aus dem Zoo von damals kannte, nur dreißig Meter von uns entfernt.

Diesmal aber nicht in Gefangenschaft, diesmal war er frei und in seinem Zuhause in den Sümpfen.

Wir bewegten uns kaum und redeten nicht, um ihn nicht zu verscheuchen, als das Unfassbare passierte:

Der Schuhschnabel schritt langsam aber zielstrebig auf uns zu. Ich konnte mein Glück kaum glauben.

Weniger als drei Meter von uns blieb er wieder stehen.

Unglaublich!

Und dann, nach einer gefühlten Ewigkeit, in der weder er noch wir uns bewegten, stieß er plötzlich zu und fing vor unseren Augen einen Lungenfisch.

Perfekter konnte es nicht mehr kommen! Ich hätte vor Freude in die Luft gehen können!

Das tat ich allerdings nicht, sondern er.

Nachdem der Schuhschnabel seine Beute verschlungen hatte, schritt er fast in Greifweite an unserem Boot vorbei, natürlich ohne uns auch nur eines Blickes zu würdigen, und schwang sich dann in die Lüfte.

So bekam ich auch noch den seltenen Anblick eines fliegenden Schuhschnabels auf dem Silbertablett.

In solchen Augenblicken kann man kaum die Abstammung der Vögel von den Sauriern bezweifeln. Ein archaisches und beeindruckendes Bild!

Selbst Bootsmann und Guide waren mehr als begeistert. Zum ersten Mal hatten auch sie einen Schuhschnabel bei der erfolgreichen Jagd beobachtet.

Und beide beteuerten unisono, dass noch keiner von ihnen dem Vogel so nahe gekommen war in der Vergangenheit.

Das lange Suchen hatte sich endlich gelohnt!

Und vielleicht wegen meiner vielen Enttäuschungen bei der bisherigen Suche hat es das Schicksal diesmal besonders gut gemeint.

Es gleicht sich doch immer alles aus, solange man nur geduldig und hartnäckig genug ist!

Für mich ist damit ein riesengroßer Wunsch in Erfüllung gegangen, den ich so perfekt nicht in meinen kühnsten Träumen erwartet hätte.

Wir waren bisher mehrmals in den Sümpfen, sowohl außen herum mit dem Auto als auch mit dem Boot über den Victoria-See.

Eines hatten diese Touren trotz ihrer Unterschiedlichkeit aber bisher gemeinsam:

Wir haben den Schuhschnabel dort immer gesehen.

# Chamäleon

Wir lieben Chamäleons.

Immer wieder brechen wir in Begeisterungstürme aus, wenn es uns geglückt ist, eines dieser fantastischen Tiere zu sehen.

Bei Trekkingtouren mit Guides machen wir selbige immer darauf aufmerksam, dass wir großen Wert darauf legen, wenn möglich, eines oder mehrere dieser Tiere zu Gesicht zu bekommen.

Wir haben festgestellt, dass man darauf immer hinweisen sollte, weil viele Afrikaner nichts von diesen Tieren halten und nicht erpicht darauf sind, welche zu finden.

Grund dafür sind verschiedene Mythen.

Einige Stämme gehen Chamäleons aus dem Weg, weil sie Unheil bringende Kräfte fürchten.

Ein anderer Mythos besagt, dass Frauen, die Chamäleons anschauen, niemals heiraten werden.

Eine weitere Geschichte aus der Mythologie Afrikas, in der das Chamäleon eine große Rolle spielt, ist diese im Zusammenhang mit dem Tod:

Demnach war ein Chamäleon der Überbringer einer Botschaft der Götter. Diese beschrieben darin die Unsterblichkeit des Menschen. Nachdem sie dem Chamäleon den Auftrag erteilt hatten, machte dieses sich sofort auf den Weg. Allerdings war es nicht besonders schnell, trödelte und verbrauchte viel Zeit mit Fressen. Da wurden die Götter ärgerlich und beauftragten einen Vogel. In seiner Botschaft stand jetzt jedoch die Sterblichkeit des Menschen. Die Menschen bekamen die Botschaft und glauben dem später eintreffenden Chamäleon kein Wort über die Unsterblichkeit mehr. Die einen sagen, wäre das Chamäleon schneller gewesen, wären die Menschen jetzt unsterblich. Daher hassen viele Ureinwohner Afrikas das Tier. Allerdings gibt es auch Stämme, die dem Chamäleon verzeihen, da es sowieso ein langsames Tier ist.

Es gibt noch einige Mythen mehr, in denen das Tier eher negativ behaftet auftaucht.

Deshalb sind Chamäleons nicht besonders beliebt und unsere Begeisterung für diese Tiere wird ungläubig zur Kenntnis genommen.

Bei unserer Ankunft im Shongi Camp, auf der Südseite des Bwindi Nationalparks, baten wir auch, die Augen aufzuhalten bevor wir unsere Banda bezogen.

Wir hatten uns noch nicht richtig eingerichtet als wir schon wieder geholt wurden und staunend vor zwei wunderschönen Chamäleons standen, die die Kinder des Dorfes für uns aufgespürt hatten.

Wie immer begleitete unglaubliches Staunen unsere Begeisterung.

Wir ließen unter der Beobachtung der Kinder die Tiere auf uns herumlaufen, machten Fotos und genossen diese farbenprächtigen Tiere aus extremer Nähe.

Als wir baten, die Tiere zurückzubringen und wir sehen konnten, wie lieblos mit den Chamäleons umgegangen wird, setzen wir sie selber vorsichtig auf einen Baum, von dem sie nach kurzer Zeit irgendwie verschwunden waren.

Es scheint zu stimmen, dass es mystische Tiere sind.

# Ein Kleinod an den Crater Lakes

Es gibt Plätze, bei denen man lange überlegt, ob man davon berichten soll.

Ich bin da oft im Zwiespalt und gerade dieser Platz, von dem ich hier berichten will, lebt eigentlich von seiner Abgeschieden und Einfachheit.

Oft fahren Selbstfahrer daran vorbei und für Gruppentouren ist es dort zu klein und primitiv.

Überhaupt ist für viele eilige Uganda-Touristen die Crater Lake-Region anscheinend nicht spektakulär genug, um hier mehr als die nötigen Tage für den angrenzenden Kibale Forrest NP-Besuch und die Bigodi Wetlands-Tour zu verbringen.

Wobei ich immer wieder erstaunt bin, warum anscheinend fast jeder Uganda-Reisebericht die Bigodi-Tour beinhaltet.

Anscheinend orientiert der eine sich am anderen und sucht kein Neuland mehr.

So werden aber viele Selbstfahrer doch wieder zu Pauschaltouristen, nur mit dem Unterschied, dass sie im Reisebüro „Internet" gebucht haben.

Die Bigodi Wetlands sind schön, aber es gibt etliche dieser Wetland-Touren in der Gegend, die aber nirgendwo Erwähnung finden.

Aber ich schweife ab.

Ich wollte von etwas anderem berichten.

Man stelle sich einen tiefen Kratersee vor, der von prächtigem Dschungel umgeben ist.

Ein kleines Restaurant, zwei Bandas mit Badezimmer oben auf einem Hügel, einige traditionelle Bandas mit Gemeinschaftsbad und Campinggelegenheit am Kraterrand.

Durch die Bäume um den See streifen mehrere Affentrupps, die gegen Abend immer wieder gerne in der Nähe des Restaurants vorbeischauen, auf dem Rasen herumtollen oder auf den umliegenden Bäumen, Dächern oder Autos spielen.

Unter anderem kommen Black and White Colobus, Red Colobus, Vervet Monkeys oder Red-tailed Monkeys zum Fototermin, und auch Baumhörnchen sind immer wieder gesehene Gäste.

Gelegentlich schaut auch das Lonesome Hippo im See vorbei, weswegen man vorher immer fragen sollte, bevor man ein Bad im See nehmen möchte.

Fischadler, Blauer Turaco, Nashornvogel, Kuckuck und viele andere Vögel bevölkern Bäume und Sträucher und unzählige Schmetterlinge das Seeufer.

Ein kleiner schmaler Pfad führt steil hinunter in ein sumpfiges Tal mit riesigen baumhohen Bananenstauden, immer beäugt von Affen auf Urwaldriesen und untermalt mit dem Gesang unbekannter Vögel.

Ein anderer Pfad führt hinauf zum World End, von wo man bei klarer Sicht neben Dörfern, Wäldern und Seen sogar die Berge des Rwenzori sehen kann.

Ein naher Markt an der Straße lässt uns teilnehmen am dörflichen Leben. Gespräche, Geräusche, Gerüche und Bilder prasseln auf uns ein zu einem bunten Potpourri afrikanischen Alltags.

In einem winzigen kleinen Laden lasse ich meine ugandische Telefonkarte aufladen, an einem anderen trinken wir eine Cola.

Überall schlägt uns Interesse und freundliche Neugier entgegen.

Auch wenn die Menschen zunächst sehr zurückhaltend sind, wenige Begrüßungsworte in ihrer Sprache brechen das Eis.

Man muss auf sie zugehen und sein Interesse zeigen, dann findet man ständig Gesprächspartner, besonders wenn man wie die meisten Menschen dort zu Fuß unterwegs ist.

Auf der Veranda des kleinen Restaurants haben die Frauen der Community in einem abgeschlossenen Schrank geflochtene Körbe, Schalen und andere Handwerksprodukte ausgestellt.

Die wunderschönen Kunstwerke werden hier ohne Zwischenhändler zu einem unglaublich günstigen Preis angeboten, sodass man sich beim Handeln schämen müsste.

Das Essen ist einfach, aber sehr schmackhaft und wird in sehr großen Portionen serviert.

Wer sein Bier eiskalt haben möchte, ist hier falsch.

Auch halbe Hähnchen gibt es nicht, wie auf der Speisekarte vermerkt ist:

„Please note, we have no fridge and therefore no half chicken."

Wenn man zum Beispiel ein Hühnchen bestellt, was für den Abend rechtzeitig am Morgen zu geschehen hat, muss man gleichzeitig noch ein Alternativgericht ordern, da man nicht weiß, ob ein passendes Tier rechtzeitig gefangen beziehungsweise gekauft werden kann.

Genial sind die frischen Pommes Frites, ein Leckerbissen wie so oft in kleinen Restaurants in Uganda, wo man zwar Zeit benötigt, dafür aber alles absolut frisch serviert bekommt.

Und den bei uns neuen Trend der Süßkartoffelpommes gibt es in Uganda schon lange.

Das Camp und die Umgebung ist für uns einer der besten Plätze Ugandas, um anzukommen oder um eine Reise zu verarbeiten.

Wenn morgens Nebelschwaden durch das Camp und die Hügellandschaft der Crater Lakes ziehen und sich in den alten Urwaldbäumen verfangen, fühlt man einen Hauch von Mystik in der angenehm kühlen Feuchte inmitten des Crater Lake Districts.

Alle Gedanken an gestern oder morgen verlieren sich in den vorbeiziehenden Nebelfetzen, im Geruch Afrikas, in den Gesichtern der Colobus-Affen in den Bäumen und in dem Rufen und Singen unsichtbarer Tiere im grünen Dickicht der Pflanzen.

Das Beeindruckende an diesem Ort ist für mich, dass man ihn trotz seiner Erdung und Unaufgeregtheit nicht mehr vergessen kann. Wenn ich an Uganda denke, ist dieser Ort sofort präsent.

Und deswegen habe ich das Camp am Lake Nkubura auch an das Ende meiner Reisegeschichten gesetzt und hoffe in Zukunft noch einige andere, hoffentlich genauso schöne, in diesem Land erleben zu dürfen

## Ein paar Worte noch am Schluss, auch Fazit genannt:

Uganda ist ein wunderschönes Land mit weiten, einsamen Landschaften und einem Juwel von Nationalpark im Nordosten, mit Rafting und Bergwanderungen im Osten, mit Vulkanen, Gletschern, Seen und Savannen im Südwesten, mit bunten Märkten und freundlichen Menschen in den Dörfern und Städten.

Gegen Rassismus und Idioten ist man aber nirgendwo auf der Welt gefeit und so gibt es auch in Uganda einige wenige davon.

Kriminalität gibt es und es wäre nicht richtig, sie zu leugnen. Aber sie beschränkt sich oft auf Städte nach Sonnenuntergang.

Gesunder Menschenverstand hilft da in den meisten Fällen.

Gefahr kann auch durch die kriegerischen Auseinandersetzungen in den Nachbarländern bestehen. Man sollte sich deswegen zeitnah informieren und betroffene Grenzgebiete meiden.

Dies sind aber alles keine Gründe, dieses Land im Herzen Afrikas zu meiden.

Uganda ist es wert, besucht zu werden und manche wie ich kommen sogar als mehrmalige Wiederholungstäter.

Das Schönste an diesem Land waren für mich nicht Chamäleons, Gorillas, Schuhschnäbel, Vulkane, Gletscher, Zauberwälder, Papyrusdickichte, Savannen oder Seen.

**Das Schönste, was Uganda zu bieten hat, sind für mich seine Menschen, mit denen ich Zeit verbringen durfte und hoffentlich auch wieder verbringen werde.**

Baumhaus im Kibale Nationalpark

Virunga Vulkane

Chamäleons im Bwindi Nationalpark

Unterwegs

Elefant im Queen Elisabeth Nationalpark

Fischadler am Kazinga Kanal

Am Kazinga Kanal

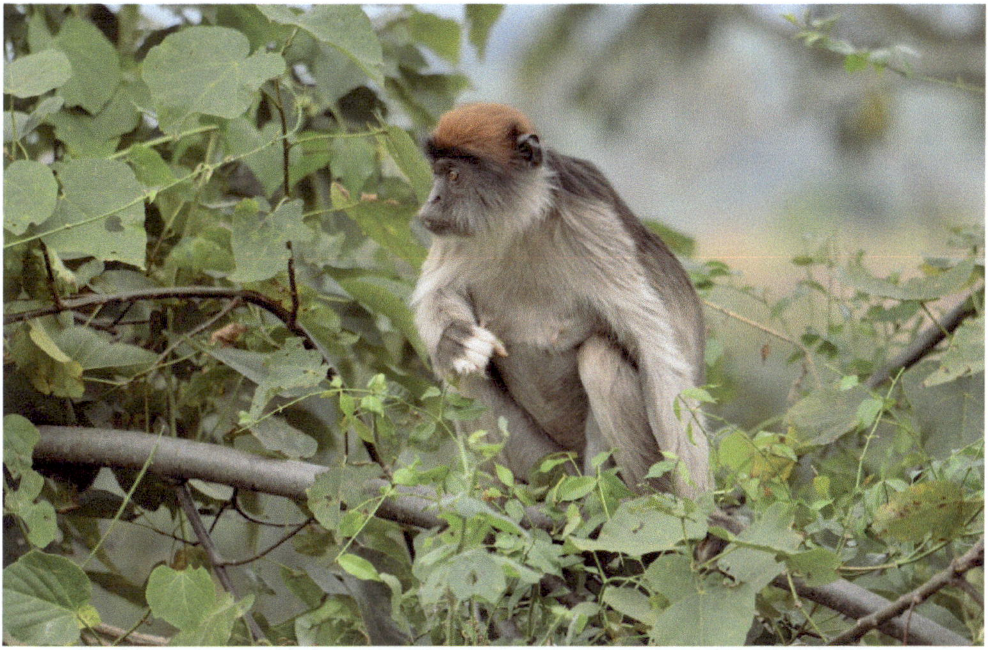

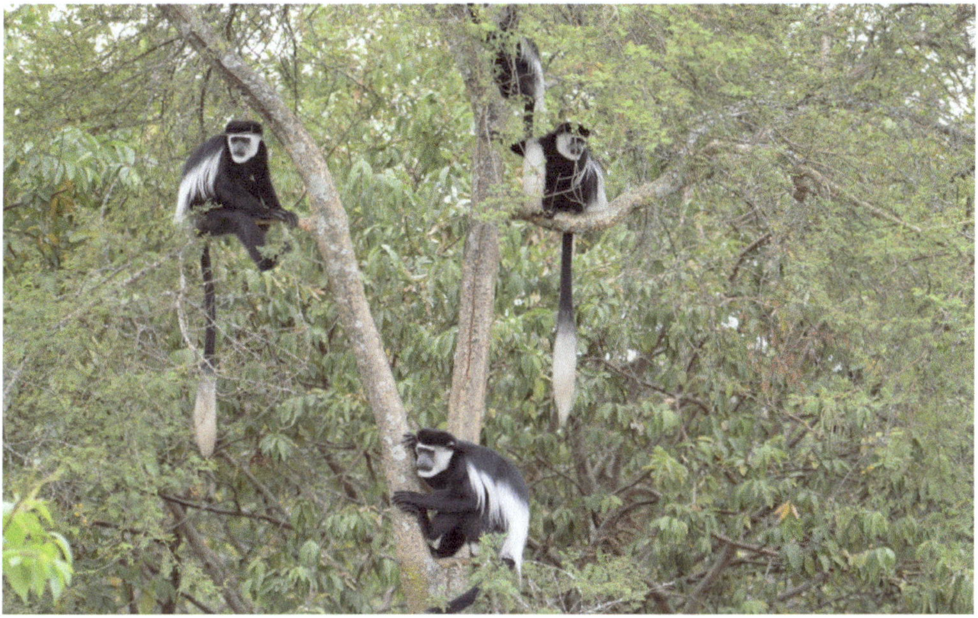

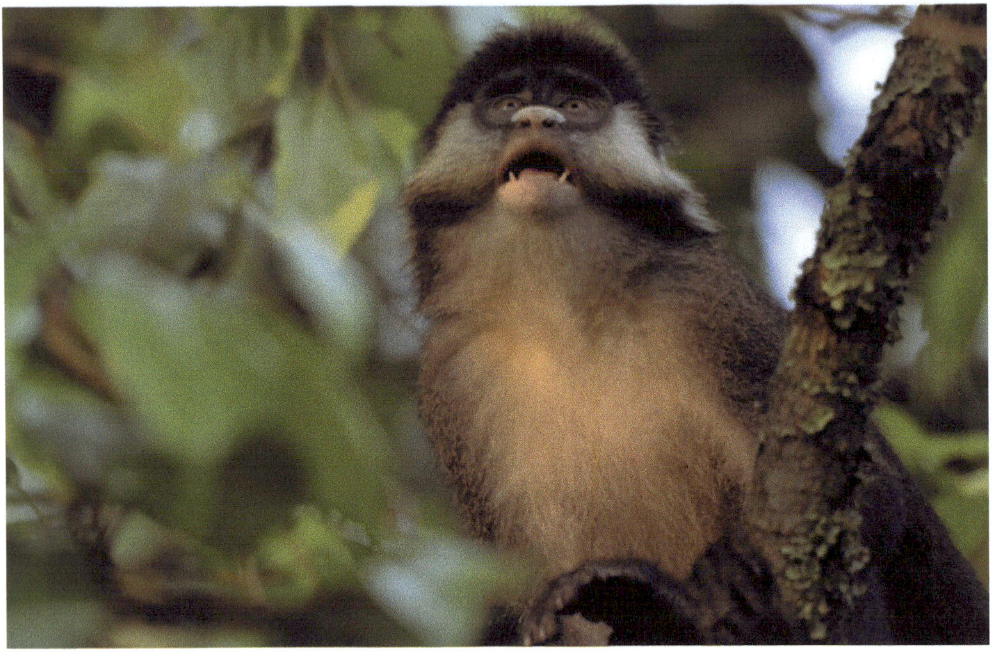

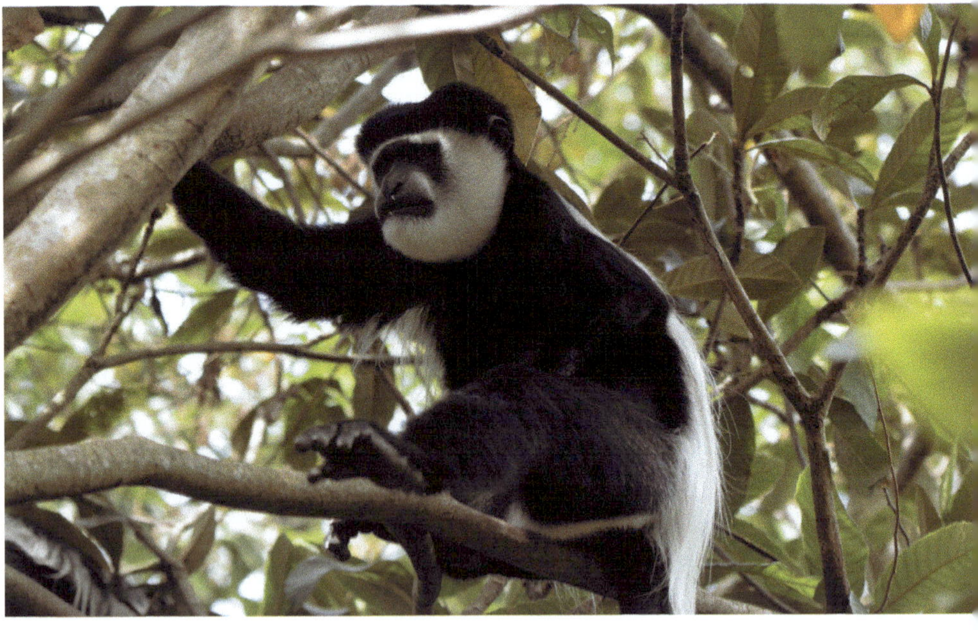

In den Mabamba Sümpfen

Ruwenzori

Ruwenzori

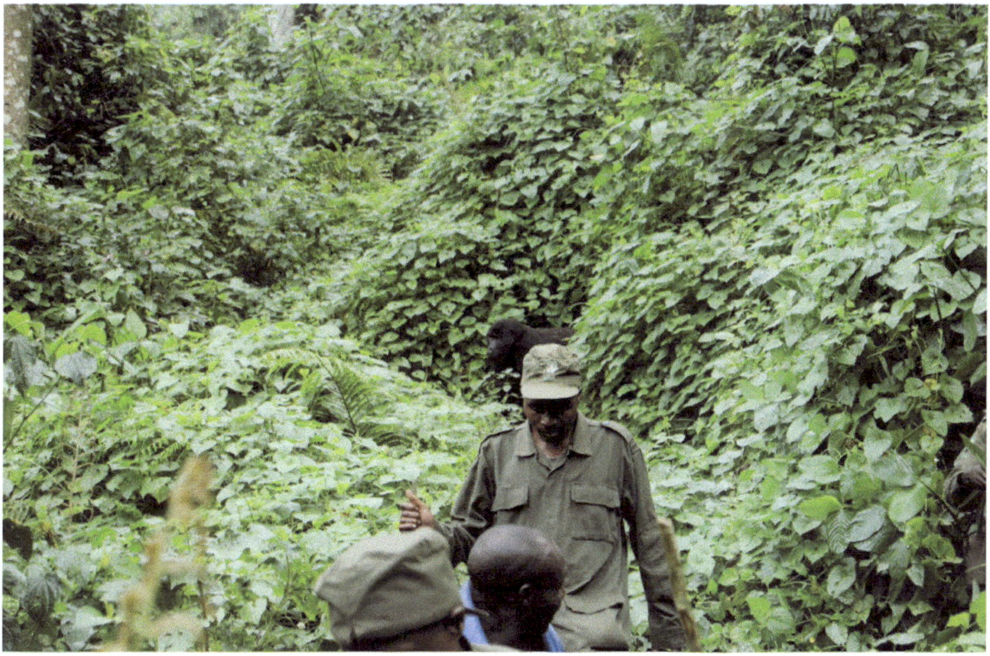

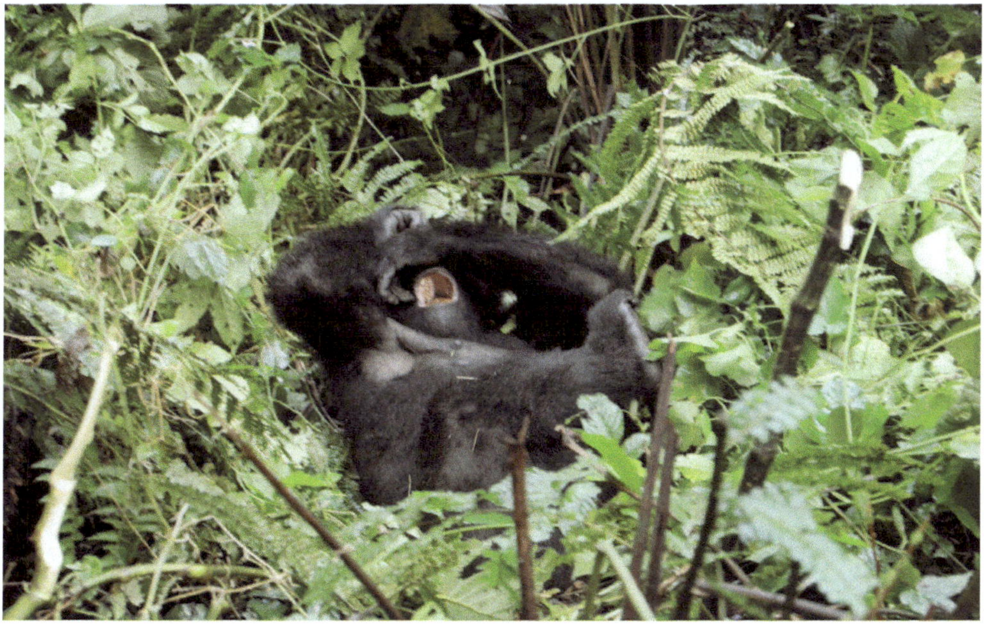

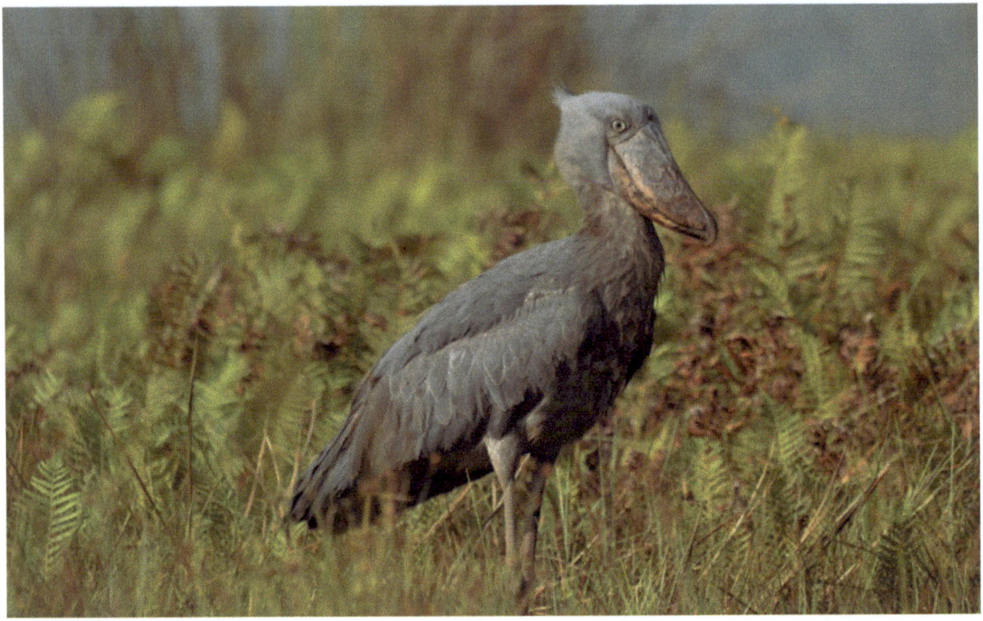

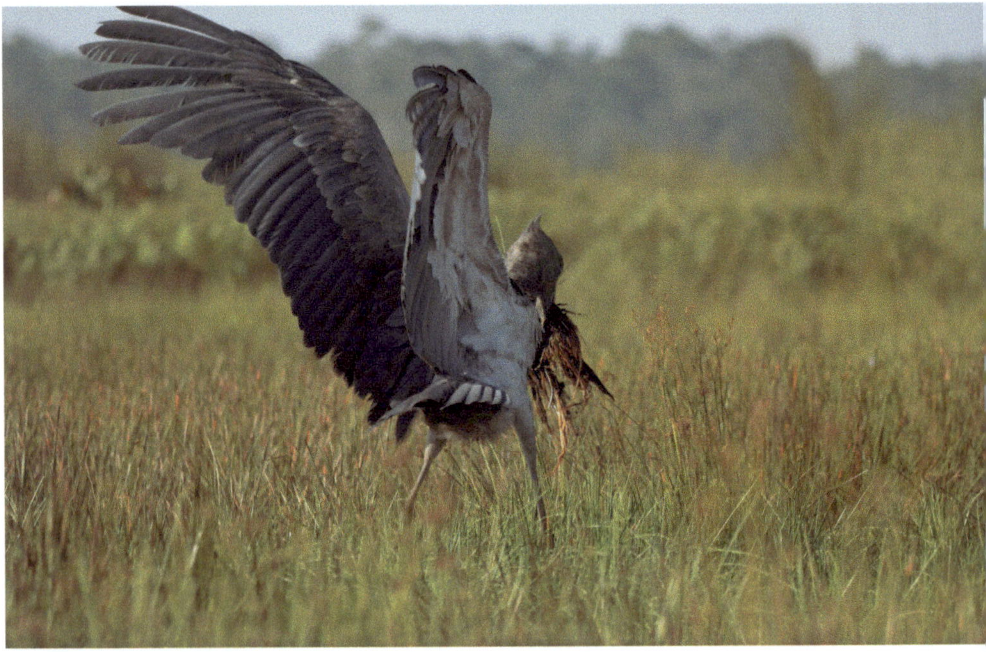

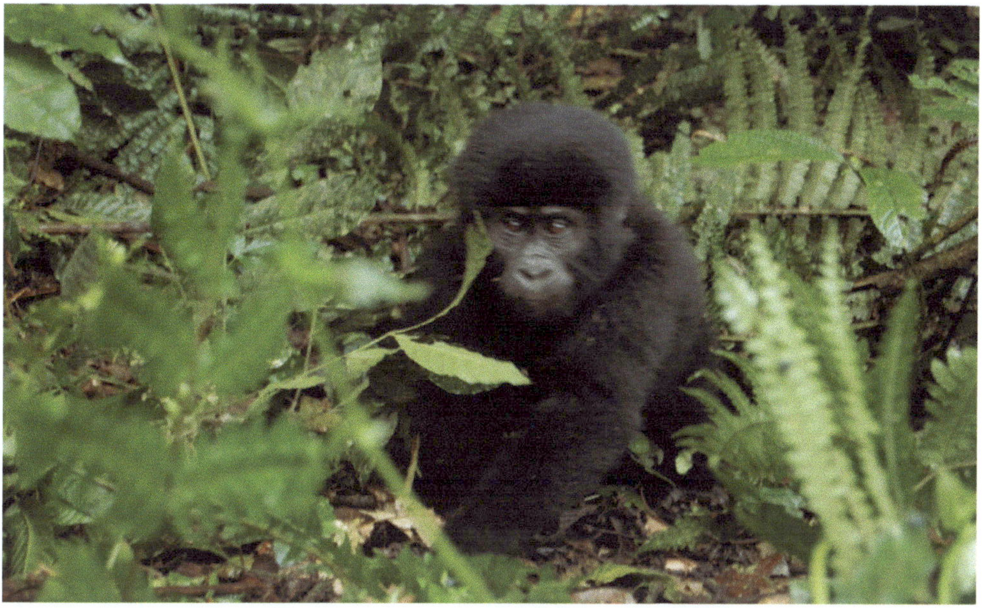

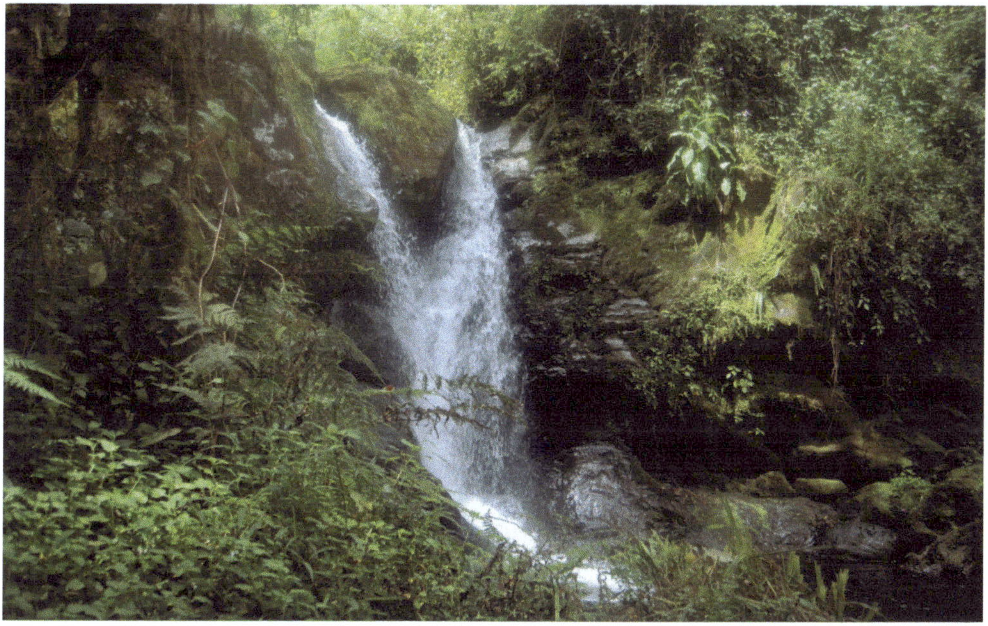

Abendstimmung am Lake Albert